学术文库

甘肃岩画研究

庞 颖 ◎ 著

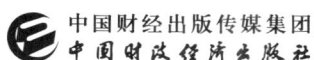

中国财经出版传媒集团
中国财政经济出版社

图书在版编目（CIP）数据

甘肃岩画研究／庞颖著．－－北京：中国财政经济出版社，2022.8

（兰州财经大学学术文库）

ISBN 978－7－5223－1185－2

Ⅰ.①甘…　Ⅱ.①庞…　Ⅲ.①岩画－研究－甘肃　Ⅳ.①K879.424

中国版本图书馆 CIP 数据核字（2022）第 023307 号

责任编辑：贾延平　　　　　责任校对：张　凡
封面设计：陈宇琰　　　　　责任印制：刘春年

甘肃岩画研究
GANSU YANHUA YANJIU

中国财政经济出版社 出版

URL：http://www.cfeph.cn
E－mail：cfeph@cfeph.cn

（版权所有　翻印必究）

社址：北京市海淀区阜成路甲 28 号　邮政编码：100142
营销中心电话：010－88191522　编辑部门电话：010－88190957
天猫网店：中国财政经济出版社旗舰店
网址：https://zgczjjcbs.tmall.com
北京财经印刷厂印刷　各地新华书店经销
成品尺寸：170mm×240mm　16 开　18 印张　271 000 字
2022 年 8 月第 1 版　2022 年 8 月北京第 1 次印刷
定价：72.00 元
ISBN 978－7－5223－1185－2
（图书出现印装问题，本社负责调换，电话：010－88190548）
本社质量投诉电话：010－88190744
打击盗版举报热线：010－88191661　QQ：2242791300

目　录

绪　论 ……………………………………………………………（ 1 ）

第一章　甘肃岩画概况 ……………………………………（ 4 ）
   第一节　甘肃地理概况 …………………………………（ 4 ）
   第二节　甘肃岩画调查工作概况 ………………………（ 5 ）
   第三节　岩画遗存概况 …………………………………（ 9 ）

第二章　甘肃岩画分布概况 ………………………………（ 12 ）
   第一节　河西走廊山区岩画分布情况 …………………（ 12 ）
   第二节　黄河流域岩画分布情况 ………………………（ 15 ）

第三章　甘肃岩画图像内容及分布情况 …………………（ 17 ）
   第一节　阿克塞哈萨克族自治县岩画 …………………（ 17 ）
   第二节　肃北蒙古族自治县岩画 ………………………（ 22 ）
   第三节　瓜州县岩画 ……………………………………（ 64 ）
   第四节　玉门市岩画 ……………………………………（ 67 ）
   第五节　嘉峪关市岩画 …………………………………（ 70 ）
   第六节　肃南裕固族自治县岩画 ………………………（ 89 ）
   第七节　山丹县岩画 ……………………………………（ 98 ）
   第八节　永昌县岩画 ……………………………………（106）

第九节　武威市岩画 …………………………………………（125）
　　第十节　古浪县岩画 …………………………………………（128）
　　第十一节　景泰县岩画 ………………………………………（148）
　　第十二节　靖远县岩画 ………………………………………（193）
　　第十三节　平川区岩画 ………………………………………（215）
　　第十四节　榆中县岩画 ………………………………………（222）
　　第十五节　甘南藏族自治州岩画 ……………………………（231）
　　第十六节　天水市岩画 ………………………………………（235）
　　第十七节　成县岩画 …………………………………………（238）

第四章　甘肃岩画图像研究 ………………………………………（242）
　　第一节　甘肃岩画的图像内容 ………………………………（243）
　　第二节　从甘肃岩画看上古时期甘肃的动物分布 …………（262）

附　录　甘肃岩画遗存点统计表 …………………………………（270）

参考文献 ……………………………………………………………（279）

绪 论

岩画是人类幼年时期的艺术作品,利用天然洞窟、露天崖壁或旷野大石,以敲琢或涂绘的方法所制成的各种图像。这些图像内容包罗万象,背后隐藏着深刻的历史文化内涵,反映出早期人类的思维方式及特征,揭示了当时的社会生活、生存环境、宗教信仰等内容,是早期人类社会重要的文化遗产。

现在,岩画已成为一门国际性的研究课题,得到了世界性的高度关注。我国人真正科学意义上对岩画的发现与研究,始于1915年岭南大学的黄仲琴教授对福建华安汰溪岩画进行的实地勘察和记录。1928年,瑞典人贝克曼对新疆库鲁克山岩画进行了调查。而我国岩画大量被发现,是在20世纪50年代至80年代,在内蒙古阴山,宁夏贺兰山,新疆阿尔泰山、天山,昆仑山,江苏连云港将军崖等地区都发现了岩画。从20世纪90年代到进入21世纪后,在甘青地区、西藏高原、川滇高原、广西左江流域和新疆、内蒙古,东北的黑龙江、辽宁两省,东南沿海及港澳台地区均发现了不少岩画。国内数以百计的岩画学者形成了研究队伍,他们从艺术史、考古学、民族学、历史学、文化遗产学等不同的领域或学科,对中国境内岩画的起源与传播、分布、制作、年代、图像风格、艺术特征、文化关联等主题进行了不同层面的探讨,著录尤为丰富,标志着中国岩画的学术研究进入了一个新的重要发展阶段。

自20世纪70年代发现甘肃嘉峪关黑山岩画以来,学者们相继在甘肃省境内西部的河西走廊、东部的黄河流域等区域发现了数十处岩画,从西部的阿克塞、敦煌、肃北、瓜州、玉门、嘉峪关、肃南、山丹、永昌、民勤、武威、古浪，到中部的景泰、平川、靖远、榆中、合作、玛曲、天水、成县等县市域内先后发现了各个时代的数千个单体图像。这些数量众多的岩画，不仅分布地域广阔、内容极其丰富，而且所处的地理位置非常特殊，充分说明了甘肃省是我国岩画大省，是中国岩画中不可缺少的组成部分，具有十分重要的研究意义，是河西走廊原始艺术、审美意识研究的主要实证物。

早在西晋干宝著的《搜神记》中就记载过甘肃境内的岩画：

初，汉元、成之世，先识之士有言曰："魏年有和，当有开石于西三千余里，系五马，文曰'大讨曹'。"及魏之初兴也，张掖之柳谷，有开石焉：始见于建安，形成于黄初，文备于太和，周围七寻，中高一仞，苍质素章，龙、马、鳞、鹿、凤凰、仙人之象，粲然咸著。此一事者，魏、晋代兴之符也。至晋泰始三年，张掖太守焦胜上言："以留郡本国图校今石文，文字多少不同，谨具图上。案其文有五马象：其一，有人平上帻，执戟而乘之。其一，有若马形而不成，其字有'金'，有'中'，有'大司马'，有'王'，有'大吉'，有'正'，有'开寿'。其一，成行，曰：'金当取之'。[①]"

北魏郦道元著的《水经注》中也记载过甘肃境内的岩画：

"湟水……又东南迳光武城西，故广武都尉治，郭淮破叛羌，治无戴，于其处也。城之西南二十许里，水西有马蹄谷。汉武帝闻大宛有天马，遣李广利伐之，始得此马，有角为奇。故汉武帝《天马之歌》曰：天马来兮历无草，径千里兮循东道。胡马感北风之思，遂顿羁绝绊，骧首而驰，晨发京城，夕至敦煌北塞外，长鸣而去，因名其处曰候马亭。今晋昌郡南及广武马蹄谷磐石上，马迹若践泥中，有自然之形，故其俗号曰天马径，夷人在边效刻，是有大小之迹，体状不同，视之便别[②]。"

另一处在"漾水"流域："故道水又西南入秦冈山，尚婆水注之，山高入云，远望增状，若岭纡虚轩，峰柱月驾矣。悬崖之侧，列壁之上，有神像，若图指状妇人之容。其形上赤下白，世名之曰圣女神，至于福应衍违，

---

① [晋]干宝著，汪绍楹校注. 搜神记（卷七）[M]. 北京：中华书局，1979：93.
② [北魏]郦道元著，陈桥驿校证. 水经注校证 [M]. 北京：中华书局，2013：49.

方俗是祈①。"

干宝的《搜神记》和郦道元的《水经注》所记录的三处岩画，被今人认为是史籍中关于甘肃岩画的最早的记载。

中国北方岩画从阿尔泰山、天山到祁连山、贺兰山、阴山山脉及黄河谷地，形成了一个连续性的岩画分布带，祁连山正好处在这条岩画分布带上的中间位置，承载着连接东西通道的作用。目前，甘肃境内所发现的不同时代的、形态各异的古代岩画大部分都分布在祁连山沿线上，绵延1000千米左右，这些古代岩画刚好都处在丝绸之路的中段，作为整个中国西北地区古代岩画的重要组成部分，具有填补中国岩画研究地域性空白的意义。另外，将这些岩画作为"不可移动"的物质遗存史料，开展系统性的整理和综合性的研究，可以弥补甘肃早期图像材料的不足。

河西走廊山地宽谷和东部黄河两岸是西部农耕文化与游牧文化的接触地带，通过对这些地带分布的岩画图像进行不同层级的观察分析，认为以河西走廊西北部、东南部黄河流域为代表的早期牧业文化既有明显的共性，又存在一定的差异，这种差异应是与不同地理环境、先期文化性质及地域历史背景的变化有关。因此，对甘肃岩画的解读和认知，应遵循对全部资料从宏观到微观的逐层分析，再由微观递进到中观、宏观的研究方法，积累和完善甘肃岩画研究的考古学、历史学、民族志和艺术史学等学科视角。通过对甘肃岩画图像的统计、分类、分期，探讨各类岩画的时代特征、文化特征、艺术风格特征、遗存形式特征，可以建立起岩画与甘肃境内古代人群的关联性，也可以建立起岩画与甘肃境内及相关区域的古代文化之间的关联性。

---

① [北魏] 郦道元著，陈桥驿校证. 水经注校证 [M]. 北京：中华书局，2013：462.

第一章 甘肃岩画概况

第一节 甘肃地理概况

甘肃，是取甘州（今张掖）、肃州（今酒泉）二地的首字而成。由于西夏曾置甘肃军司，元代设甘肃省，简称甘。甘肃省境大部分在陇山（六盘山）以西，而唐代曾在此设置过陇右道，故甘肃简称为陇。甘肃省的地理位置正好位于我国中心，经纬度处于北纬32°11′~42°57′，东经92°13′~108°46′。省内海拔大多在1000米以上，四周为群山峻岭所环抱。北有六盘山、合黎山和龙首山；东为岷山、秦岭和子午岭；西接阿尔金山和祁连山；南壤青泥岭。境内地势起伏、山岭连绵、江河奔流，地形复杂。这里有直插云天的皑皑雪峰，有一望无垠的辽阔草原，有莽莽漠漠的戈壁瀚海，有郁郁葱葱的次生森林，有神奇碧绿的湖泊佳泉，有江南风韵的自然风光，也有西北特有的名花瑞果。甘肃省内地貌多样，山地、高原、平川、河谷、沙漠、戈壁，类型齐全，交错分布，地势自西南向东北倾斜。地形呈狭长状，东西长1655千米，南北宽530千米，全省土地总面积42.58万平方千米。甘肃自古以来就是个多民族聚居的省份。在少数民族中，人口在千人以上的有回、藏、东乡、土、裕固、保安、蒙古、撒拉、哈萨克、满等16个民族，此外还有33个少数民族成分。东乡、裕固、保安为3个特有少数民族。

在政区划上，从北向南，甘肃省东部分别与内蒙古自治区、宁夏回族自治区和陕西省接壤，南接四川，西临青海，西北与新疆维吾尔自治区相接，北部与蒙古国接壤。古属雍州，地处黄河上游，东接陕西，南控巴蜀青海，西倚新疆，北扼内蒙古、宁夏，是古丝绸之路的锁匙之地和黄金路段。甘肃镶嵌在中国中部的黄土高原、青藏高原和内蒙古高原的交汇地带上，大部分都处于干旱稀疏草原和适宜农耕湿润区域的分界线上，这样便形成了早期狩猎经济、畜牧业经济和农耕生产方式兼有的特点，这种特点都会显示在岩画图像内容和早期文化形态上。

第二节　甘肃岩画调查工作概况

一、既往工作简况

就全国范围内的岩画研究而言，甘肃岩画的科学调查与专门研究皆起步较晚。虽然肃北岩画发现于1954年，当地牧民在放牧时发现许多凿刻在崖壁和石头上的图画，及时向有关部门汇报，但是当时并未得到重视。直到1972年酒泉钢铁公司动力厂黑山湖农场职工在黑山放羊时，发现山沟内的崖壁上有许多图画，并及时向有关部门汇报，随后有关部门组织有了几次岩画普查。所以，甘肃省岩画的科学调查与研究始于20世纪70年代，从此以后，甘肃省各县境内开始陆陆续续发现大量岩画，但是关于甘肃岩画的研究只限于报道，后续没有相关部门和人员做深入的研究，这使得甘肃岩画研究在全国一直处于落后的状态。

经过数年大量的田野调查以及统计的数据表明，甘肃是全国岩画大省之一。无论是绝对数量、分布地域、内容价值，还是所处位置，甘肃就是当之无愧的岩画大省。新疆的阿尔泰山和天山山脉、宁夏的贺兰山山脉、内蒙古的阴山山脉、绵延最长的祁连山山脉，从河西走廊最西端一直到东端黄河边，每段山脉都有许许多多不同时期的岩画分布。除此之外，甘肃北境的马鬃山、中部的黑山、甘南的玛曲以及陇南也有许多岩画。虽然甘肃拥有数量众多的岩画，但是在岩画研究的问题上一直是落后省份，这也是公认的事实。内容如此丰富的岩画，一直处于新闻报道后就沉寂的尴尬局面。甘肃这个岩画大省比起内蒙古、新疆、宁夏省区来说，研究基本处于"萌芽"状态（无专门学者、无研究机构），每年平均只有极少文章问世，对外宣传、展示工作也相对薄弱[1]。2015年7月，《亘古天书·2015'中国岩画展》在首都博物馆隆重开展，这是中国岩画全国性展览，这次展览会展示了甘肃景泰岩画。景泰岩画数量在甘肃境内并非最多，但近几年由于当地有关部门积极参与宣传工作，在央视《探索·发现》节目播出的《甘肃古事之景泰岩画》纪录片大大提高了景泰岩画的知名度。在2015年7月的这次"中国岩画现代保护与研究100周年纪念"活动上，甘肃景泰姜窝子沟岩画被确定为首批中国岩画遗存点12个认证单位之一。这充分说明，要保护、研究岩画，就要发挥以下方面的积极性：一是主管方的积极性；二是地方的积极性；三是学术单位研究的积极性；四是研究者的积极性。

经过调查不难发现：新疆、宁夏、内蒙古等地，不仅有岩画研究的民间组织，而且在高校或社科院也有专门的研究机构和研究学者，同时有许多论著问世，有画册出版，经常外出办岩画展览，其中，新疆研究起步较早。与兄弟省份相比，甘肃省岩画研究落后反映在以下方面：

（1）没有专业的研究机构，缺乏专业研究工作者。

（2）底子不清：虽然经过各县数次文物普查，各地区近年陆续有新的岩画点被发现，但长期以来没有及时统计出权威的数据，一直以来，我们确实不知道全省究竟有多少个县市分布着岩画？究竟有多少处岩画点？多少个单体图像？另外，已经发现的岩画只是部分出现在各地的画册中，缺乏系统科学的记录。

（3）内容不明：由于基础数据不明，这些岩画没能从内容上进行分类，

---

[1] 高启安. 岩画是甘肃省的重要文化财[J]. 丝绸之路，2019（04）：18 – 24.

第一章
甘肃岩画概况

从而无法进一步只别。没有专门的机构和研究人员像内蒙古、宁夏岩画一样进行专门的资料整理，这些都是艰苦细致的基础。

（4）研究相对落后。自20世纪70年代以来，黑山岩画被发现后，考古工作者撰写了一批相关文章，进行了一些基础性研究。应该说，当时甘肃省的岩画研究工作并不落后。但后来，虽有陆续发现，数量大增，研究工作却没有跟上来，没有专门的研究机构，发表的研究性文章也零零星星。岩画研究会上很少能听到甘肃学者的声音，倒是有一些外省的专家学者常常前来考察、研究甘肃岩画。这种状况与甘肃这个岩画资源大省严重不符。

二、岩画调查方法

甘肃岩画调查主要采用了两种方法：一是有调查目标或线索的"有目标的调查"；二是无明确目标或线索的"无目标的调查"。

1 有目标的调查法

这种调查方法主要在调查前期广泛采用。在考察之前需要向当地文博部门进行详细的咨询，并且需要寻找当地知道线索的百姓，向他们了解岩画发现地的具体位置，最好能够邀请他们共同前往，一起完成岩画考察工作，并在岩画遗存点完成拍照、图像速写、文字记录、测量工作，同时对已确认的岩画点周围环境进行勘察。

2 无目标的调查法

这种调查方法主要在调查后期使用，根据前几年的考察经验，要对当地的地形和地貌做出正确的判断，同时向当地百姓进行详细的咨询，最有效的方式是向当地牧羊人咨询。发现岩画遗存后，及时进行拍照、图像速记、文字记录、测量工作。例如，武威市古浪县的臭牛沟和楼梯子沟两处岩画遗存点，就是用这种调查方法找到的。

三、调查岩画记录方法

对甘肃岩画调查的记录包括拍照记录、图像速写、文字记录、测量工作四个方面。

（一）拍照记录

目前岩画图像还是以拍照记录为主，因为从记录岩画图像的真实性、客观性来看，拍照仍然是最有效、最便利的记录方法。在拍照中需要记录岩画所在岩面的整幅画面和每个单体图像。并且，在拍照记录时，相机必须与岩画图像保持一致，切勿倾斜。另外，还要对岩画遗存点的周围环境等做详细的拍照记录。

（二）图像速写

在现场对岩画遗存点的图像进行写生记录，图像速写可以快速记录图像之间的关系，如一些图像之间会有叠压打破关系，从照片中观察，统统看不到这种叠压关系，所以利用速写记录图像的分期情况。再如，对于一些画幅较大的岩画，可以通过图像速写迅速记录画面的构图关系。另外，还要速写记录岩画遗存点周围的居民点、河流、道路等位置关系，与其他古遗存的相对关系，多幅岩画的相对位置及距离关系等。

（三）文字记录

除了用图像记录外，还需用文字确认岩画的相关信息，因为图像具有一定的不可定性。记录岩画遗存点周围的位置、地形、植被、水文、地质等环境要素；岩性、附着物等岩面要素；制作岩画图像的技术要素；图像大小尺寸等画面要素；当地百姓口传的与岩画有关的文化背景内容；当时参与调查人员的相关信息等。

（四）测量记录

需要测量岩画遗存点的经度、纬度、海拔高度；测量岩画中单体图像的大小以及岩画所在岩面的整体尺寸；测量岩面的倾角、岩面与地面或沟底的高差、岩面与附近河面的高差等信息。

第三节　岩画遗存概况

一、遗存环境

迄今为止，甘肃岩画遗存主要分布在甘肃西部的祁连山、北部的马鬃山、西部的黑山以及东部祁连山余脉黄河流域的石崖上，主要可以分为河西走廊山区岩画和黄河流域岩画两大部分。河西走廊山区岩画，指的是从甘肃西北部的阿克塞、敦煌、肃北、瓜州、玉门、嘉峪关、肃南、山丹、永昌、民勤、武威、古浪等地区所分布的岩画。黄河流域岩画主要分布在祁连山余脉所延伸的地区，但同时也位于黄河流域。这部分主要在现今甘肃省甘南藏族自治州合作市、玛曲县，白银市内的景泰县、靖远县、平川区和兰州市榆中县境内。

河西走廊山区岩画遗存在山巅或者沟谷之中，这些地方往往都是动物经常出没的位置，因此，岩画遗存分布区既是游牧地区，又是猎人狩猎的地区，在整体生态环境上既有放牧区，也有猎牧区。

黄河流域的岩画遗存在甘肃省境内黄河流经两岸的山体崖壁上，在这些崖壁上分布着大大小小、形态各异的岩画。这些地方一般交通都比较便利，水源充沛，视野开阔，是古往今来较适宜人群移动或定居的地区。几处岩画遗存附近还有古墓葬、古遗址、古建筑等遗存，这些现象表明，岩画遗存区是古代人群活动比较频繁的区域。

二、分布与类型

经过多年的调查结果显示，甘肃岩画主要分布在河西走廊山区和黄河流域两岸的露天崖壁、旷野大石上。全省共有19个县市发现大量岩画，从统计的数据来看，动物图像占绝大多数，人物图像占总数的小部分。如果对这些图像内容进行分析，共分为以下11类。

（1）狩猎岩画（弓射、投枪、围猎等）；

（2）生殖崇拜岩画（交媾图、生殖器展示等）；

（3）祭祀岩画（祭祀时的多人舞蹈）；

（4）巫觋岩画；

（5）自然崇拜岩画（太阳、树木、星星等）；

（6）动物岩画（牦牛、羊、鹿、骆驼、狼、鸟、虎或豹等）；

（7）人面及全身人像岩画；

（8）放牧及农耕生产岩画；

（9）习武演练岩画；

（10）舞蹈岩画；

（11）其他，如手印、抽象符号、可能的部落族徽等。

也有一些可能属于近古人们生产内容的摹刻内容，其中，有些内容非常值得研究，透露出早期或近古各民族迁徙、交融的内容，个别内容甚至属于敦煌学新资料（如肃北蒙古族自治县大黑沟岩画中出现的石刻题记），研究价值不容小觑。

三、制作方法

甘肃岩画的制作方法是使用尖锐类工具在岩面上琢刻图像，根据岩画图像遗痕可分为三种形式：

（一）敲琢法

用尖锐类工具在岩面上垂直敲琢出点状凹痕，以形成各种图像。在造型上"敲琢法"有两种成像方式，其一是以密集的琢点形成以面造型效果，其造型原则可称为"以面造型"；其二是以琢点构成宽窄不同的线条，形成"线描式"的图像效果，其造型原则可称为"以线造型"。"敲琢法"在亚洲各地岩画中十分常见，也是甘肃岩画最主要的成像方法。

（二）磨刻法

以尖锐工具在岩面上反复刻磨出宽窄、深浅不同的线条，用以勾画图像

第一章
甘肃岩画概况

的轮廓及细部。这种方法往往是先用"敲琢法"凿出图像的外轮廓,在此基础上用工具反复磨划、加深线条,刻痕断面呈"U"形槽,这种方式属于以线造型。这种磨刻法刻画出来的线条没有弹性,导致图像往往不太生动,这是由于来来回回摩擦,造成线条失去原本的流畅感,所以与线刻法成像的图形比起来呆板许多。

(三)线刻法

以尖锐的金属工具在岩面上反复刻出宽窄、深浅不同的线条,用以勾画图像的轮廓及细部。而且刻痕断面呈"V"形槽,且刻痕较深,古人应该采用了比较尖锐的金属工具,这要比同画面中其他用磨刻法刻绘的图像在时代上晚。用这种方法成像的图形,造型比较生动,刻痕较深,所以在没有人为破坏下,一般都保存较好①。

四、遗存类型

岩画遗存类型,指遗存有岩画图像的岩体的性状形态,它们代表着古代人群制作岩画行为发生的地点位置。通过实地考察显示,甘肃岩画按遗存类型有四种,即露天崖壁岩画、旷野大石岩画、洞穴岩画和崖荫岩画。大石岩画则有两种情况,一是在古冰川运动留存于地表的漂砾上琢刻的岩画,比如黄河流域白银市靖远县石羊滩岩画就属于这种;二是在因重力原因崩塌、滑落在地表上的块状岩石上琢刻的岩画,河西走廊山区中的旷野大石岩画都属于这种②。本书记录的甘肃岩画大部分属于露天崖壁岩画,即琢刻有岩画图像的岩体均处于原生遗存状态;还有一部分是旷野大石岩画,在数量上比露天崖壁岩画少一点,这种旷野大石岩画其遗存的图像多在向上的一面和阳面;洞穴岩画和崖荫岩画在甘肃岩画中出现的很少,都只各有一处。

---

① 李永宪.西藏原始艺术[M].四川:四川人民出版社,1998:188.
② 李永宪.西藏原始艺术[M].四川:四川人民出版社,1998:180—181.

甘肃岩画分布概况

甘肃是岩画大省，从西向东已有 19 个县市发现了大量岩画遗存点，这些已发现的岩画主要分布在甘肃西部的祁连山、北部的马鬃山、中部的黑山以及东部祁连山余脉黄河流域的石崖上。如果对甘肃境内岩画按地域分布进行梳理，主要可以分为河西走廊山区岩画和黄河流域岩画两大部分。这些区域在地理上正好处于新疆地区与宁夏地区、内蒙古地区的连接地带，对于研究北方少数民族的迁徙、文化交流等问题具有重要意义。

第一节 河西走廊山区岩画分布情况

甘肃岩画分布情况可用图 2.1.1 描绘。

甘肃岩画西起新、甘、青三省交汇处的阿克塞哈萨克族自治县，目前在全县境内只发现 3 处岩画遗存点。其中，红柳湾镇大坝图村青崖子岩画是全省境内最大的独幅岩画，同时图像之间叠压打破现象严重，说明不同时期，不同的古人有在此琢刻图像的习惯。该地图像数量众多、内容丰富，表现了远古时期人类狩猎、驯捕、祭祀等内容，展现出浓厚的游牧民族生活景象。

距离阿克塞哈萨克族自治县 78 千米的敦煌市境内，目前发现岩画遗存点 1 处，岩画数量不多，图像内容以动物为主。

第二章
甘肃岩画分布概况

图 2.1.1 甘肃岩画分布示意图

沿祁连山脉向东至肃北蒙古族自治县，这是甘肃省岩画分布最广、数量最多、内容最丰富的地区，在甘肃岩画中占有相当重要的地位。截至目前，本地区共发现岩画遗存点 19 处，其中，国家级文物保护单位 1 处（大黑沟岩画），省级文物保护单位 3 处（阿尔格力台岩画、七个驴岩画、灰湾子岩画），市级文物保护单位 2 处（柳沟岩画、老道呼都格岩画）。这些岩画分布在肃北县境内南山和北山两个不相连的山区中，十分分散。南山境内地势东南高西北低，属高山丘陵地带，多高山深谷，目前一共发现岩画遗存点 10 处：大黑沟岩画、红柳峡北山岩画、月牙湖岩画、扎子沟岩画、阿尔格力台岩画、大井泉岩画、旱峡岩画、七个驴岩画、灰湾子岩画、后灰湾子岩画。其中，大黑沟岩画是肃北岩画最具代表性的一处文化遗产，2013 年被公布为第七批全国重点文物保护单位。北山境内大部分是中低山和残丘地貌，目前一共发现岩画遗存点 9 处：仓库沟口岩画、深沟岩画、老道乎都格岩画、同古图岩画、柳汰岩画、格格乌苏岩画、布都呼鲁斯特岩画、霍勒扎德盖岩画、山德尔岩画。其中，市级文物保护单位的老道乎都格岩画位于马鬃山镇黑戈壁山山脉老道乎都格东侧，东西绵延 4.5 千米，是目前肃北县北山境内发现的分布面积最广、内容最丰富的岩画群之一。历史上，在肃北这片土地上曾先后有西戎、羌族、月氏、乌孙、匈奴、吐蕃、蒙古族等少数民族驻牧游猎、繁衍生息。在生活生产活动中，他们留下了大量的历史遗迹—岩画，这些珍贵的图像反映了古代北方游牧民族的经济生活、宗教信仰、意识形态、审美观念等问题，为我们研究河西游牧民族的历史文化提供了的重要形象资料依据。

瓜州县地处甘肃省河西走廊西端，隶属酒泉市，西接敦煌市，东靠玉门市，南北接肃北蒙古族自治县，自古以来就是一个比较重要的交通枢纽。目前，境内共发现岩画遗存点1处，荨子沟岩画位于瓜州县锁阳城镇农丰村东南50千米处的鹰咀山荨子沟内，图像分布面积约为15平方米，岩画系敲琢手法而成，题材主要有犬、骆驼、羊等。此处岩画年代需进一步考证，是研究该区域早期游牧民族生产生活的重要资料。

昌马岩画位于甘肃省西北部的玉门市，西接瓜州县，东连嘉峪关市。目前，玉门市境内共发现岩画遗存点1处，鹿子沟岩画原址位于昌马乡水峡村西的三家台鹿子沟东边。目前，岩画已由原址迁移到玉门市博物馆内。画面总体面积大约3平方米，图像内容以动物为主。1981年甘肃省政府将其公布为省级文物保护单位。

嘉峪关黑山位于祁连山以东，从20世纪70年代在黑山发现岩画至今，共发现岩画遗存点6处：四道股形沟岩画、交河沟岩画、红柳沟岩画、石关峡口岩画、蕉蒿沟岩画、磨子沟岩画。1981年，甘肃省人民政府将黑山岩画公布为省级文物保护单位，2013年被公布为第七批全国文物保护单位。黑山岩画大部分都分布在嘉峪关市峪泉镇黄草营村西面的黑山南麓四道股形沟内，岩画图像分布在主沟的狭窄处，靠近黑山主峰处，绵延长约1千米，是中国北方岩画的典型代表，它作为古代西北地区游牧民族的生活记事画，具有较高的艺术及史学研究价值。

肃南裕固族自治县是全国唯一的裕固族自治县，位于张掖市的南部、河西走廊中段、祁连山北麓，南接青海省，西连酒泉、嘉峪关市，北靠高台、民乐等地，地理环境较为复杂，岩画分布也比较分散，形式较为多样。岩画主要分布在肃南县榆木山里。榆木山属于祁连山支脉，主峰海拔3000米左

第二章
甘肃岩画分布概况

右,常年干旱,属于黄土丘陵地貌。其中,镭山岩画位于镭山脚下的草原上,图像题材以抽象符号为主。

武威市地处甘肃中部,河西走廊东部,东南临白银市、兰州市,南依祁连山,西北通金昌市、张掖市,北接内蒙古自治区。目前,在武威市境内的凉州区和古浪县共发现岩画遗存点6处。其中,莲花山岩画位于武威市东南部的凉州区松树乡莲花山山沟内,其余5处岩画遗存点位于古浪县:大靖镇花庄村昭子山大沟岩画、裴家营镇塘坊村郎家沟岩画、裴家营镇塘坊村大沟岩画、新堡子乡臭牛沟岩画、新堡子乡楼梯子沟岩画。其中,新堡子乡臭牛沟岩画、新堡子乡楼梯子沟岩画属于未公布新资料。

金昌县位于金昌市,河西走廊东段、祁连山北麓,东临武威市,南依肃南裕固族自治县,西连山丹县,北接金川区。目前共发现岩画遗存点5处:牛娃山岩画、大泉岩画、北山岩画、青石头沟岩画、杨家大山岩画。其中,北山岩画于1993年被列为省级文物保护单位;牛娃山岩画、大泉岩画、青石头沟于2012年被列为市级文物保护单位。

第二节 黄河流域岩画分布情况

甘肃黄河流域岩画主要位于甘南藏族自治州、兰州市和白银市。甘肃黄河流域岩画重要分布在白银市境内。目前,在白银市境内景泰县、靖远县和平川区共发现岩画遗存点21处,其中,景泰县共发现岩画遗存点10处;靖远县共发现岩画遗存点7处;平川区共发现岩画遗存点4处。

景泰县位于甘肃中部,祁连山脉的东段北缘,东临黄河,是河西走廊的东端门户,在历史上是著名的边陲要塞。在景泰县境内共发现岩画遗存点10处:张家坝沟岩画、尾泉沟岩画、板荨沟岩画、彭家峡岩画、黄崖沟岩画、老龙湾岩画、石鹿沟岩画、梁家湾岩画、姜窝子沟岩画、狼洞沟岩画。这10处岩画总面积达100多平方米,从岩画数量上看,是甘肃省黄河流域岩画中非常重要的一个分支。其中,景泰县红水镇姜窝子沟岩画在2015年7月

"中国岩画现代保护与研究 100 周年纪念"活动上，被确定为首批中国岩画遗存点 12 个认证单位之一。

靖远县位于黄河上游，甘肃省中东部，属黄土高原沟壑区，目前全县境内共发现岩画遗存点 7 处：吴家川岩画、信猴沟岩画、石板沟岩画、水沟道经湾岩画、大兵道岩画、石羊滩岩画、山水沟岩画。从数量上看，也是甘肃省黄河流域岩画中比较重要的一个分支。

平川区位于白银市中部偏北，东接会宁县，南、北与靖远相连，西连景泰县。目前，全区境内共发现岩画遗存点 4 处：野麻滩岩画、棉纱湾岩画、小黄湾岩画、井儿川岩画。2014 年经白银市人民政府批准，野麻滩岩画被列为市级文物保护单位；2016 年被甘肃省人民政府列为省级文物保护单位。

榆中岩画位于兰州市榆中县青城镇麋鹿沟内，是兰州市唯一一个岩画遗存点。图像题材以动物与圆圈为主，此处图像比其他岩画遗存点图像少。

甘肃省西南部的甘南藏族自治州发现岩画遗存点 2 处：玛曲县哇尔义岩画、合作市仁多玛岩画。两处黄岩画点都地处黄河上游南岸，图像题材主要以鹿为主，是青藏高原岩画最东端的延续。

另外，在甘肃省东南部还发现岩画遗存点 2 处：天水市后川岩画、陇南成县黄渚镇太庙村大崖洞岩画。这两处岩画成像手法相似，图像题材主要以抽象的线条为主。

甘肃岩画分布广阔，数量众多，内容丰富，而且占据特殊的地理位置，在历史上有不同民族的交替变迁，这使它具有特殊的地位和价值。甘肃岩画的发现，给进一步研究整个甘肃、内蒙古、宁夏文化提供了可触可摸、十分珍贵的历史资料，有着十分重要的意义。

甘肃岩画图像内容及分布情况

第一节 阿克塞哈萨克族自治县岩画

一、岩画地理位置及自然环境概况

阿克塞哈萨克族自治县属于甘肃省酒泉市，位于甘肃省最西端，地处新疆、青海、甘肃三省交界处。东临肃北蒙古族自治县，其南与青海省接壤，西抵新疆维吾尔自治区，北与敦煌市为临。全县行政区面积3.34万平方公里，人口约10900人，有哈萨克、汉、回、维吾尔、撒拉、藏等11个民族，哈萨克族占全县总人口的38%。

阿克塞哈萨克族自治县处于柴达木盆地与河西走廊之间，全县平均海拔3200米，属于内陆高寒荒漠草原气候，高寒少氧、日照时间长、紫外线强、降水稀少、空气干燥，植被以芨芨草、冰草、克氏针茅等多年生密丛型草本植物为主。其境内既有阿尔金山余脉，又有祁连山山脉——党河南山，地形复杂多样，既有山岳地貌，又有丘陵和平原地貌。目前，境内共发现3处岩画遗址点：青崖子岩画、青崖子沟岩画、黑石头岩画。

青崖子岩画遗存点位于红柳湾镇大坝图村青崖子沟西侧半山坡上的一块独石之上，距离红柳湾镇西南 60 公里。GPS 坐标点为北纬 39°21′23.9″，东经 93°59′18.1″，海拔 3165 米（见图 3.1.1）。该岩画遗存点于 2018 年 10 月被甘肃省政府公布为省级文物保护单位。

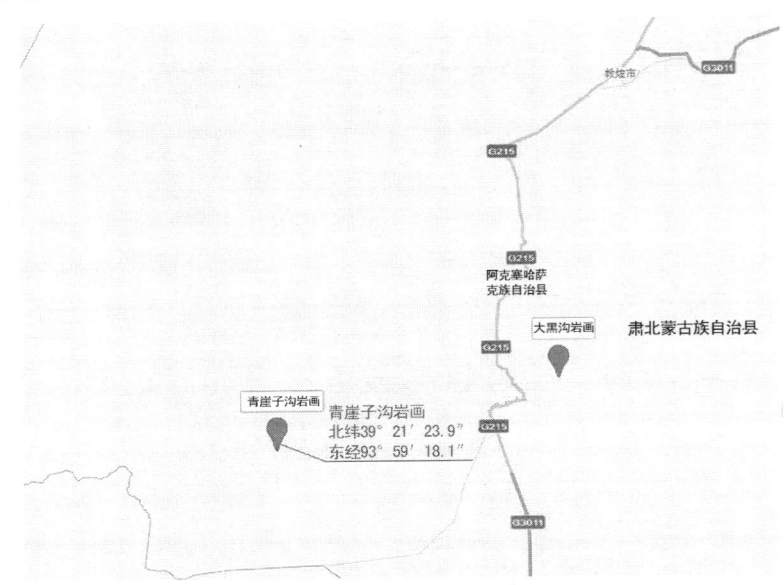

图 3.1.1　阿克塞哈萨克族自治县青崖子岩画地点分布位置图

二、岩画图像及内容

青崖子共发现岩画一大两小共三个画面，共有 500 多个单体图像，岩画遗存形式为旷野大石岩画，岩性为砂岩，岩面因风化呈青黑色，局部有麻黄草及钙质结核层覆盖，长期受风吹日晒雨淋以及人为破坏，岩石断裂或岩面脱落，造成大部分图像模糊，有些图像已无法辨识，只有小部分图像形状尚可辨认，整体保存较差（见图 3.1.2）。其中，最大的一个画面凿刻在一块巨大的石头之上，图像所在岩面呈不规则长方形，岩面长 8.9 米，宽 3.8 米，与地面夹角 120°，图像岩面朝向为西南 110°。现场调查发现，大石与地面接触的岩面下端图像已经被地表土掩埋，由此推断，岩画在制作时的地面

第三章
甘肃岩画图像内容及分布情况

应该低于现在的地面高度。早期图像均为敲琢法制成，用硬度较高的尖锐工具在岩石表面连续敲击，形成密集的点状凿痕，一部分图像以密集敲琢而成的剪影式造型，一部分图像以密集敲琢而成的线条式造型，图像之间重叠覆盖现象严重。从叠压情况上可以分析出，早期图像均由密集敲琢的凹痕而成，后期图像由金属工具以线条式刻画在早期图像之间或之上，对于早期图像造成不同程度的影响。从图像题材上看，有鹿、羊、牦牛、骆驼、狼、犬、野猪、抽象符号、全身人像，还有许多狩猎场景、祭祀场景、舞蹈场景。这些图像反映了早期人们狩猎、驯捕动物等内容，表现出浓厚的游牧民族生活景象（见图3.1.3～图3.1.7）。

图 3.1.2 阿克塞哈萨克族自治县青崖子岩画

图 3.1.3 阿克塞哈萨克族自治县青崖子岩画局部

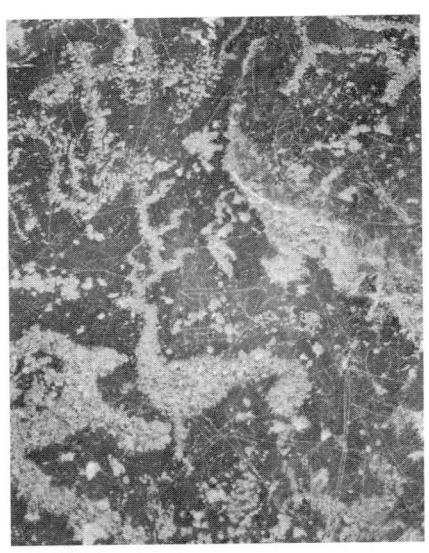

图 3.1.4 阿克塞哈萨克族自治县青崖子岩画局部——鹿图像 1

图 3.1.5 阿克塞哈萨克族自治县青崖子岩画局部——鹿图像 2

第三章
甘肃岩画图像内容及分布情况

图 3.1.6　阿克塞哈萨克族自治县青崖子岩画局部——围猎图

图 3.1.7　阿克塞哈萨克族自治县青崖子岩画局部——动物图

第二节　肃北蒙古族自治县岩画

一、岩画地理位置及自然环境概况

　　肃北蒙古族自治县属于酒泉市，地处甘肃省西北部，县域分为不相连的南山、北山两个部分。南山坐落在祁连山山脉的西缘、河西走廊西端的南侧，俗称南山地区，东与肃南裕固族自治县为邻，南与青海省天峻县接壤，西南与西部同阿克塞哈萨克族自治县毗连，北与敦煌市、瓜州县、玉门市衔接。北山地区位于河西走廊西段的北侧，古肃州的西北，俗称北山地区，东邻内蒙古自治区阿拉善盟额济纳旗，南望瓜州县和玉门市，西接新疆维吾尔自治区哈密地区，北接蒙古国戈壁阿尔泰省。全县行政区面积66748平方千米，人口约15000余人，有蒙古、汉、回、藏、裕固族等民族，蒙古族占全县总人口的37.9%。

　　从历史来说，肃北蒙古族自治县的地域之内，新石器时代就有人居住的痕迹。许多历史学者对早期北方游牧民族迁徙及历史演变的研究也多涉及这一区域。刘文华认为，"《逸周书》《穆天子传》《管子》之文所描述的时代，当为前7世纪末以前的情况。其时月氏人的活动地域，大致在黄河以西至阿尔泰山东麓一带[①]"黄河以西至阿尔泰山东麓的广大地域包括肃北地区。当然，上述文献的可靠性尚未得到学术界的普遍认可。记载最早且最可靠的则是司马迁《大宛列传》的"始月氏居敦煌祁连间"。有关乌孙人的地域虽有争议，但也大致包含肃北境内。此后，匈奴人亦曾来往并居于此地。联系岩画的产生年代及此地早期游牧民族的发展演变，肃北岩画属于早期此地游牧民族作品无疑。这也奠定了肃北岩画的重要地位及其研究价值。

---

① 刘文华. 先秦时期甘肃的民族[J]. 西北民族研究，2003（04）.

第三章
甘肃岩画图像内容及分布情况

二、岩画图像及内容

肃北岩画分布在肃北县的南山和北山两个地区,中间被敦煌市、瓜州县、玉门市隔开,位于河西走廊南北两侧,两地直线距离有 180 多千米。南北两个地区自然环境差异极大,南山地区属于沙砾戈壁倾斜高平原区,北山地区为中低山和残丘地貌,戈壁广阔。在南山和北山境内分布着共计 19 处岩画遗存点(见图 3.2.1)。下面我们将从南山、北山两个区域分别对岩画遗存情况进行详细阐述。

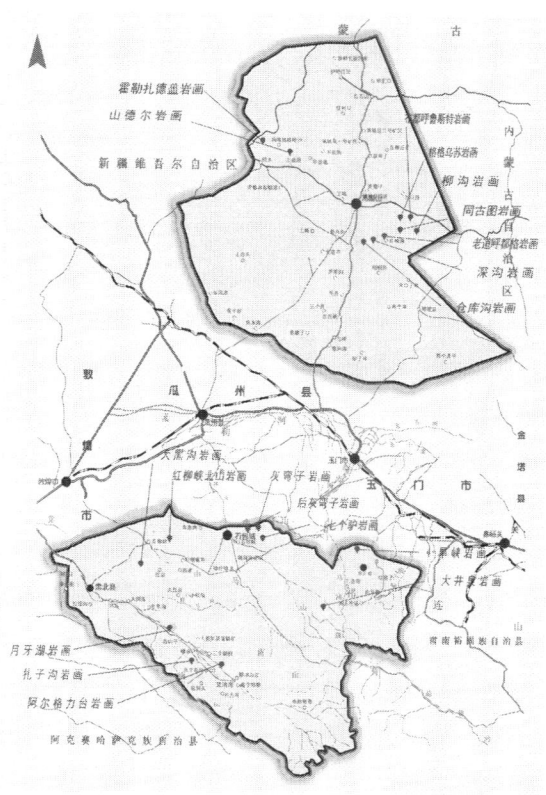

图 3.2.1　肃北蒙古族自治县岩画地点分布示意图

（一）南山地区岩画

肃北县南山地区是祁连山的最西端，河西走廊的南侧，东接肃南裕固族自治县，南通青海省，西南与阿克塞哈萨克族自治县为邻，北抵敦煌市、瓜州县、玉门市。南山地区平均海拔 3500 米，属内陆高寒荒漠草原气候，高寒少氧，日照时间长，干旱少雨，空气干燥，年平均气温 6.3℃，最低气温出现在 1 月份。年降水量 86～280 毫米，每年 5 月初至 8 月中旬为雨季，9 月中旬起气温下降，开始降雪，冬季严寒。主要植被以中麻黄、狭叶锦刺儿、蒙古葱、西伯利亚白刺等为主。野生动物有野狼、北山羊、狗熊等。境内地势东南高西北低，属高山丘陵地带，多高山深谷，地形复杂多样，主导产业为牧业，山大沟深，牧草丰富。农业为辅，农作物主要有春小麦、胡麻、豆类。在南山地区境内一共发现岩画遗存点 10 处。

1. 大黑沟岩画

大黑沟岩画遗存点位于肃北蒙古族自治县党城湾镇浩布勒格村，地处祁连山北端，距离党城湾镇东南 40 千米，属于肃北县南山地区。党城湾镇地处肃北县南部，东与石包城乡接壤，南通青海省天峻县，西与阿克塞哈萨克族自治县为邻，北接敦煌市，行政区域面积 6035 平方千米，管辖 2 个社区和 8 个行政村。目前，在党城湾镇境内共发现岩画遗存点 4 处，其中大黑沟岩画是肃北县岩画遗存点图像数量最多、题材内容最丰富的一处。岩画 GPS 坐标点为北纬 39°39′16.0″，东经 94°46′43.7″，海拔 1899 米。1993 年 3 月大黑沟岩画被公布为省级文物保护单位，2013 年 3 月被公布为全国重点文物保护单位。

大黑沟四周环山，沟内有一条从南向北流向的沙河，每年雨季时有河水流经，主要来源于高山冰雪融水，地表径流和大气降水下渗补给，这里气候相对湿润。大黑沟岩画遗存形式为旷野大石岩画和露天崖壁岩画，岩性为砂岩和砂砾岩。此处岩画保存较好，大部分图像清晰可辨，由于当地牧民有极强的保护意识，没有人为破坏现象，只有一小部分图像由于常年被风吹雨淋、日晒腐蚀而模糊不清。从沟口开始就有零星的旷野大石岩画出现，这些岩画都凿刻在沟底的大石之上，一直绵延约六七公里，几乎遍布整条山沟（见图 3.2.2）。沿着沟口向东南方向行进约 3 公里到达岩画集聚点，图像被

第三章
甘肃岩画图像内容及分布情况

琢刻在山沟内的崖壁之上，最高处图像距地面 20 多米，最低处图像也有两三米的高度，岩画分布比较凌乱，位置高低不一，没有规律可循。在大黑沟内共发现岩画 55 个画面，总计有 300 多个单体图像。岩画图像均用敲琢法和磨刻法技法制成，琢点均匀密集，一部分图像以密集敲琢而成的剪影式造型，一部分图像以密集敲琢而成的线条式造型，画面中很少一部分图像之间存在叠压现象，绝大多数图像之间无叠压。

图 3.2.2　肃北县大黑沟沟口全貌

大黑沟岩画最早于 1954 年被当地的牧民发现，但直到 1975—1980 年，肃北县文化馆对岩画遗存点才做过零星调查。1983 年 10 月中旬，甘肃省博物馆文物工作队和肃北县文化馆联合对石窟寺和大黑沟进行了系统的调查，但当时由于缺乏经验，未得出任何结论。1987—1990 年开展的第二次全国文物普查时，在瓜州县文物局的大力协助下，两县文物考察组对大黑沟岩画进行了全面的记录、摄影。当时共发现岩画 34 个画面，单体图像 190 多个，还发现一组石刻文字。经过当地部门的努力申请，于 1993 年 3 月被甘肃省人民政府公布为省级文物保护单位。2008 年 3 月 28 日，肃北县人民政府成立肃北县第三次全国文物普查领导小组，负责组织实施全县文物普查，普查队成员对大黑沟岩画进行了再次全面调查、测绘、记录，在第二次普查的基础上又新发现岩画 9 个画面，单体图像 50 多个。2013 年 3 月 5 日，大黑沟岩画被公布为全国重点文物保护单位，并划定了重点保护范围和建设控制地带。在 2007 年《肃北蒙古族自治县人民政府关于确定我县省级文物保护单位划定保护范围和建设控制地带的报告》（肃政报〔2007〕5 号）中公布大黑沟岩画保护范围为：以该岩画周边外延 20～50 米。建设控制地带为：保护范围外延 50～100 米。肃北县文化馆负责大黑沟岩画安全保护管理工作，系隶属县文化体育局的专职机构，经费由财政全额供给。文化馆聘请当地牧民图布星作为义务保护员负责日常管护，并每月检查一次安全情况。最近几年，负责义务保护工作由图布星之子吉布乎林接管，两代人有强烈的责任心。从全省岩画保护情况来看，大黑沟岩画保护工作可以说是甘肃省岩画保护的一个成功典范。

大黑沟岩画图像在整体特征上看属于我国"大北方岩画系统[①]"范围，大部分图像都凿刻在山体较平滑的朝南的岩面上，从图像凿刻的高度来看，应该是不同时期、不同古人在此反复作画，山体上较平滑的岩面已经几乎被琢刻满了像（见图 3.2.3）。仔细观察较高处的岩画，图像周围没有打过楔子的痕迹，应该是此处地质情况发生了巨大的变化，沟底不断下沉。另外，在山体底部最低处刻有一些晚于岩画的隋朝"开皇"年号和一些名人题记。题记石刻文字从右至左："悬泉府主帅张□宜田牧/幽谷沟深内外草为精□□/官宫为群/礼人经过书石以留名。"[②] 文字以北约 5 米处还有"开皇二十年六月" 7 个石刻。这组石刻在山体最低处，显然是高处已被前人刻满，再无其他更好的岩面位置了（见图 3.2.4）。大黑沟岩画图像的大部分内容为动物、全身人像、植物和狩猎、放牧、骑马等场景，动物除鹿、羊、牦牛和骆驼外，还有虎（豹）等。从岩画的题材内容，人物形象、发式、衣着和使用的武器上看，表现的似乎是早期人类社会的生活场景。岩画中的人物身材苗条，身着长袍（可能是皮制或毡制），腰间有束带，有些人头上戴有一顶尖尖的帽子，有些人头上似乎插着一根修长直立的羽毛（见图 3.2.5、图

---

① 陈兆复. 古代岩画 [M]. 北京：文物出版社，2002：51-84.
② 韩积罡. 肃北岩画 [M]. 甘肃：甘肃人民美术出版社，2015.

3.2.6)。从几个舞蹈场面看,这些人似乎是一个擅长于集聚和群体活动的游牧民族部落,也可能是一个能歌善舞的部落。从狩猎场面可以看出他们的生活来源主要靠狩猎,说明他们还处在狩猎时代。更多的画面则表现出单人射猎,或三五人围猎,或群起围歼的狩猎场景,这些猎人使用的武器主要有弓箭、套环、绳索或石球等。另外,许多画面中的猎人并非左手持弓、右手搭箭,而是弓弦张开、箭在弓上,箭头呈"丫"字形,箭杆很长,猎人只用一只手持弓,一手握箭杆举在身后(见图3.2.7、图3.2.8)。这种手持武器的姿态表明,当时可能已经出现原始的弩机,弓在机柄上,弦已拉开,箭在机槽内,不需要用双手拉弓,一手在前掌握弩机,一手在后平衡身体。另外,在主体岩面东崖的一幅岩画下方,还画有一张长形盾牌,盾中间刻有持盾的手柄(见图3.2.9)。此外,还有一样狩猎工具值得我们关注,就是一人双手提两个大圆环,这显然是用来套野牲的套环,其目的是捉活的野牲,然后畜养起来,并不想把它杀死。在肃北岩画中还出现了几个植物图像,这在甘肃岩画中是很少见的(见图3.2.10)。目前,只有三处岩画遗存点出现过植物图像,它们分别是肃北县大黑沟岩画、古浪县楼梯子沟岩画、嘉峪关市石关峡口岩画。

图3.2.3　肃北县大黑沟主体岩画山体全貌

图 3.2.4　肃北县大黑沟岩画——石刻文字

图 3.2.5　肃北县大黑沟岩画——
　　　　　猎人像 1

图 3.2.6　肃北县大黑沟岩画——
　　　　　猎人像 2

第三章
甘肃岩画图像内容及分布情况

图 3.2.7　肃北县大黑沟岩画——
猎人像 3

图 3.2.8　肃北县大黑沟岩画——
猎人像 4

图 3.2.9　肃北县大黑沟岩画——
盾牌图像

图 3.2.10　肃北县大黑沟岩画——
植物图像

大黑沟岩画的发现，为本地区古代游牧部落文化的研究提供了实物依据。

二、红柳峡北山岩画

红柳峡北山岩画遗存点位于肃北蒙古族自治县党城湾镇东面红柳峡北山山洼内，距肃北县城党城湾镇东约 84 千米，属于肃北县南山地区。岩画 GPS 坐标点为北纬 39°44′34.31″，东经 95°26′31.07″，海拔 3109 米。此处岩画分布较为集中，所有图像都集中在一座面南崎岖不平的峭壁之上，遗存形式属于露天崖壁岩画。岩画图像采用敲琢法和磨刻法，主要是以密集豕点形成的剪影式造型。发现遗存有岩画图像的岩面共 6 个画面，总计 60 多个单体图像，图像分布面积约 35 平方米。由于岩画画面被风吹、日晒、雨淋和自然腐蚀等，自然风化严重，当地牧民常年在此放牧，对岩画也有一定影响，所以大量岩画表面现在已经脱落。画面题材主要有羊、鹿、马、狩猎、牦牛、狼等，除此之外还有狩猎、放牧等图像，这些图像手法古拙、风格粗犷，与大黑沟岩画风格基本相似（见图 3.2.11、图 3.2.12）。

图 3.2.11　肃北县红柳峡北山岩画——放牧图像

图 3.2.12　肃北县红柳峡北山岩画——狩猎图像

第三章
甘肃岩画图像内容及分布情况

3. 月牙湖岩画

月牙湖岩画遗存点位于肃北蒙古族自治县党城湾镇马场村村委会南58千米处，党河对岸的山脚下，属于肃北县南山地区。岩画主要分布在马场村牧民巴图夏季草场定居房东面约3千米处，野马南山山脉南麓山脚下。南距党河50米，这里地势平缓，党河蜿蜒曲流，水草丰美，是天然的牧场，栖息着斑头燕、灰颈鹤、天鹅等，冬季寒冷，夏季炎热。岩画GPS坐标点为北纬39°18′52.9″，东经95°23′27.5″，海拔3102米。该处发现岩画共7个画面，总计38个单体图像，图像分布面积约30平方米（见图3.2.13）。岩画分布在山脚散落的黑灰色大石块上，呈不规则排列，遗存形式属于旷野大石岩画。图像采用敲琢法和磨刻法技法，主要是以密集琢点形成的剪影式造型，琢点均匀细密。凿有图像的岩体为砂岩，岩石表面风化严重，图像受到一定的影响，除少部分画面因自然风化模糊不清外，绝大多数画面保存较好，清晰可辨。画面题材有鹿、羊、狼、牦牛、骆驼、犬等单体动物图像和狩猎、放牧等生活生产场景。其中一个画面上刻有一只面积为0.28平方米的鹿，鹿角十分夸张（见图3.2.14）

图3.2.13　肃北月牙湖主体岩画山体全貌

图 3.2.14 肃北月牙湖岩画—鹿图像

4. 扎子沟岩画

扎子沟岩画遗存点位于甘肃省酒泉市肃北蒙古族自治县党城湾镇南 60 千米的扎子沟内,属于肃北县南山地区(见图 3.2.15)。岩画 GPS 坐标点为北纬 39°13′54.66″,东经 95°24′26.65″,海拔 3440 米。扎子沟沟内有一条沙河,每年雨季时有河水流经。从沟口开始就有零星的岩画出现,这些零星的岩画在遗存形式上属于旷野大石岩画,整条山沟共发现岩画 3 个画面,总计 18 个单体图像,图像分布面积约 6 平方米。岩画图像采用敲琢法刻画,主要有密集琢点形成的线条式造型。由于岩画画面被风吹、日晒、雨淋和自然腐蚀等,自然风化严重,但是由于当地人迹罕见,所幸无人为破坏现象。画面题材主要有:羊、牦牛、野驴等动物图像,还一幅狩猎图。此处岩画与大黑沟岩画风格基本相似(见图 3.2.16),琢有岩画图像的岩体为祁连山里最常见的砂岩。

图 3.2.15　肃北县扎子沟沟口全貌

图 3.2.16　肃北县扎子沟岩画——鹿图像

二　阿尔格力台岩画

阿尔格力台岩画遗存点位于甘肃省肃北蒙古族自治县盐池湾乡东北约 14 千米处，属于肃北县南山地区。盐池湾乡位于党河南山北麓，全乡行政区域面积 8993 平方公里，平均海拔达 3800 米，年均气温 -3℃ ~5℃，全年无霜期只有 60 天。这里水草丰美，是天然的牧场，野生动物较多，冬季寒冷，夏季炎热，全乡以纯畜牧业为主体经济。岩画 GPS 坐标点为北纬 38°54′0.20″，东经 96°25′32.20″，海拔 3508 米（见图 3.2.17）。该处共发现岩画 9

个画面，总计 68 个单体图像，图像分布面积约 35 平方米。此处岩画遗存形式除了旷野大石岩画以外，还有露天崖壁岩画，岩画图像采用敲琢法和磨刻法制成，以密集点形成线条式和剪影式造型。其中一部分图像凿刻在沟底零星的旷野大石之上，大部分图像分布在沟内的崖壁之上，画面题材主要有：全身人像、牦牛、虎（豹）、羊、鹿、野驴、骆驼，还有骑马、放牧等场景（见图 3.2.18）。琢有岩画图像的岩体为砂岩和花岗岩，由于花岗岩硬度较高，凿刻在花岗岩上的图像无法采用敲琢法的手法，所以在阿尔格力台岩画中出现了较多的磨刻法。

图 3.2.17　肃北县阿尔格力台山体全貌

图 3.2.18　肃北县阿尔格力台岩画——狩猎图像

第三章
甘肃岩画图像内容及分布情况

大井泉岩画

大井泉岩画遗存点位于甘肃省酒泉市肃北蒙古族自治县石包城乡东南约120千米处，属于肃北县南山地区。石包城乡位于肃北县东北部，东接张掖市肃南裕固族自治县，南与党城湾镇相连，北接瓜州县、玉门市，行政区域面积10090平方千米，境内地势起伏较大，西南高，东北低。全年气候干燥，昼夜温差大，属于高原季风性气候。该岩画遗存点所在的石包城乡管辖7个行政村，全乡经济以牧业为主，总牧户102个，主要养殖马、山羊、绵羊、骆驼等牲畜。目前在石包城乡共发现5处岩画遗存点，其中，大井泉岩画GPS坐标点为北纬39°38′24.11″，东经96°48′38.97″，海拔3290米（见图3.2.19）。岩画琢刻在黑色砂岩之上，共发现岩画3个画面，总计27个单体图像。图像分布面积约7平方米。这些岩画分布较凌乱，没有分布规律，遗存形式是旷野大石岩画。画面题材主要有蛇、骆驼、马和骑马者等（见图3.2.20），画面表现自然，形态逼真，采用敲琢法和磨刻法的手法制成。

图 3.2.19　肃北县大井泉沟口全貌

图 3.2.20　肃北县大井泉岩画——骑马者图像

7. 旱峡岩画

旱峡岩画位于甘肃省酒泉市肃北蒙古族自治县石包城鱼儿红村西北 18 千米处的旱峡峡口山顶上，属于肃北县南山地区。岩画 GPS 坐标点为北纬 39°46′28.0″，东经 97°083.0″，海拔 3408 米。该岩画遗存点共发现岩画 2 个画面，总计 5 个单体图像，图像全部采用敲琢法的手法刻在砂岩之上，画面题材有羊、鹿等动物形象。这些岩画遗存形式为旷野大石岩画（见图 3.2.21、图 3.2.22）。

图 3.2.21　肃北县旱峡岩画全貌

第三章
甘肃岩画图像内容及分布情况

图 3.2.22　肃北县旱峡岩画——鹿图像

8. 七个驴岩画

七个驴岩画遗存点位于甘肃省酒泉市肃北蒙古族自治县石包城乡东北约21二米处，属于肃北县南山地区。岩画 GPS 坐标点北纬 39°52′14″，东经 96°12′45″，海拔 2378 米（见图 3.2.23）。七个驴岩画分布较为集中，所有图像都集中在岩面朝西的崖壁之上，遗存形式属于露天崖壁岩画，最高处岩画图像距离沟底 10 米左右，图像分布面积约 40 平方米。该处共发现岩画 6 个画面，总计 35 个单体图像，根据从东向西的顺序，将这 6 个画面编号为 1 号画面~6 号画面，图像均用敲琢法和磨刻法制成，并采用剪影式和线条式两种表现方法，琢有岩画图像的岩体为砂岩。这些画面题材除了野驴、牦牛、骆驼等动物外，还有狩猎、放牧等生产生活场景。

图 3.2.23　肃北县七个驴岩画沟口全貌

其中，1号画面表现了一幅放牧场景，所在岩石岩面尺寸宽2.34米，高1.80米，清晰可辨认的图像共12个。图像题材有：全身人像1个；骆驼2只；牦牛1只；羊4只；马2匹；不明物2个。其中，全身人像头戴尖顶帽，身穿塑腰长袍，左右手各牵着一只骆驼，其余的牦牛、马、羊的头部均面向人像。画面中全身人像和一匹马以线条式方法表现，其余图像均用剪影式方法表现。画面中出现的图像均以密集敲琢手法造型，因为此画面距离沟底较高，所以无人为破坏现象，整幅画面保存完整（见图3.2.24）。

图3.2.24 肃北县七个驴岩画1号画面

3号画面距离沟底10米左右，画面当中有两只骆驼，画面左边骆驼的尺寸为100厘米×81厘米，画面右边骆驼尺寸为105厘米×90厘米，这是甘肃岩画中最大的骆驼图像（见图3.2.25）。

9. 灰湾子岩画

灰湾子岩画位于甘肃省酒泉市肃北蒙古族自治县石包城乡鹰咀山村村委东北30千米处灰湾子峡谷之中，属于肃北县南山地区。岩画图像分布在鹰咀山南面的崖壁之上，鹰咀山是一条东西走向的山脉，北面、东面、西面均为草原，高山山地地形，冬季寒冷，夏季炎热，植被以苔草为主，有少量野生动物，如兔子、黄岩羊、山羊等。岩画遗存点北面有蒙古族牧民居住，周围是牧民的春季牧场；东面约5千米处是鹰咀山金矿，是肃北县经济支柱之

第三章
甘肃岩画图像内容及分布情况

图 3.2.25 肃北县七个驴岩画 3 号画面

一。岩画 GPS 坐标点为北纬 39°49′24.0″，东经 96°10′26.8″，海拔 2158 米。灰湾子岩画遗存点共发现岩画 3 个画面，总计 68 个单体图像，画面大小不一。图像以磨刻法制成，并采用剪影式和线条式两种表现方法，琢刻有岩画图像的岩体为砂岩，遗存形式是露天崖壁岩画。图像分布在山沟内的崖壁之上，最高处图像距离沟底 5 米左右，岩面朝北。这 3 个画面的题材主要有牦牛、马、羊、骆驼、人，另外还有狩猎、放牧等生产生活场景（见图3.2.26～图3.2.28）。

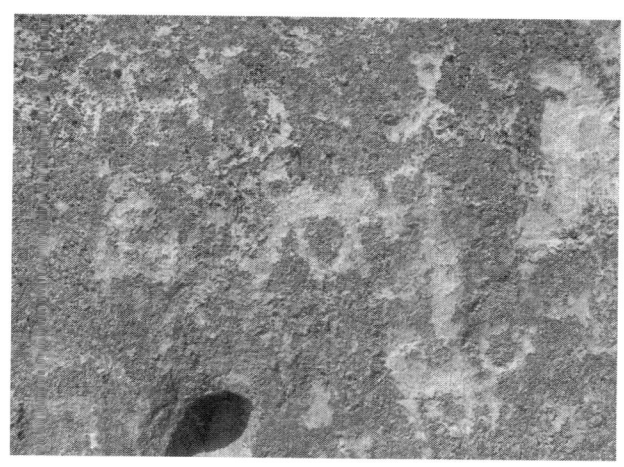

图 3.2.26 肃北县灰湾子岩画局部 1

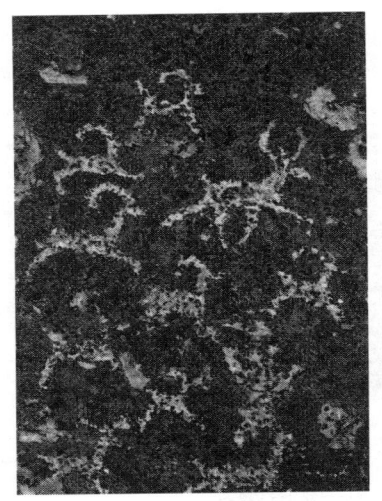 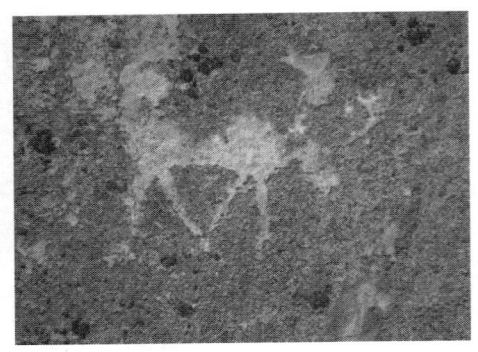

图 3.2.27　肃北县灰湾子岩画局部 2　　图 3.2.28　肃北县灰湾子岩画——牦牛图像

10. 后灰湾子岩画

后灰湾子岩画位于甘肃省酒泉市肃北蒙古族自治县石包城乡东北方向 40 千米处，南 5 千米是石包城乡至透明梦柯冰川的公路，北约 10 千米为肃北鹰咀山金矿，属于肃北县南山地区。岩画遗存点处于鹰咀山后灰湾子峡谷内，两侧为黑色山脉。该区域气候降水少，蒸发量大，日照长，昼夜温差大，夏季炎热，冬季严寒，风大沙多。山间生长着芨芨草等植被，野生动物有狼、北山羊、盘羊等。岩画 GPS 坐标点为北纬 39°53′04.4″，东经 96°13′18.2″，海拔 2727 米。后灰湾子岩画分布较为集中，所有图像都分布在鹰咀山北面山壁上，岩画遗存形式是露天崖壁岩画。该处共发现岩画 3 个画面，总计 16 个单体图像，以敲琢法制成，图像分布面积约 12 平方米。画面题材主要是骆驼、马、鹿、狼等动物，其中有一幅岩画为人骑着马牵着骆驼，反映了人们的生活场景，对研究当时的社会生活有重要作用（见图 3.2.29）。

（二）北山地区岩画

肃北县北山地区是祁连山的最西端，河西走廊的北侧，地处蒙新高原，境内地势中部高南北低、西南高东北低，平均海拔 2000 米，大部分是中低

第三章
甘肃岩画图像内容及分布情况

图 3.2.29　肃北县后灰湾子岩画——牵骆图

山和残丘地貌。在北山境内共发现岩画遗存点 9 处。

11. 仓库沟口岩画

仓库沟口岩画点位于甘肃省酒泉市肃北蒙古族自治县马鬃山镇马鬃山村村委会南 25.9 千米处大马鬃山山脉仓库沟北口，北距马鬃山铜矿 18.48 千米，西南距古恩平都格岩画 1 千米，西 5.2 千米为大马鬃山山脉同昌口及马鬃山镇至桥湾的婆桥公路，周围 10 千米范围内为马鬃山镇马鬃山村牧民才娃家的冬春季草场，属于肃北县北山地区。马鬃山镇地处肃北县北部，东接内蒙古自治区，南与瓜州县、金塔县相连，西接新疆维吾尔自治区，北连蒙古国，行政区域面积 31630 平方千米。其境内地势南高北低、坡度较缓，东、西、北三面多为倾斜平原，南面紧靠东西走向的马鬃山山脉。马鬃山镇属于中纬度温带荒漠干旱气候，境内降水量较少，光照充足，夏季炎热，冬季寒冷。土壤以山地灰棕漠土为主，有机质含量很低，植被稀疏，有戈壁针茅、无叶假木贼、中麻黄、西伯利亚白刺、合头草、优若藜、早熟禾等植物。野生动物分布广泛、数量众多，有北山羊、盘羊、野驴、野骆驼、狼、狐狸、野兔、黑熊等几十种。该遗址所在的马鬃山镇管辖 6 个行政村，全乡经济以畜牧业为主，主要养殖山羊、绵羊、马、骆驼等牲畜。目前，在马鬃山镇共发现 9 处岩画遗存点，其中仓库沟口岩画 GPS 坐标点为北纬 41°33′43.7″，东经 97°02′43.7″，海拔 2103 米（见图 3.2.30）。此处岩画分布较为集中，遗存形式为旷野大石岩画，图像凿刻在山崖西侧沟底南北相隔 5 米的两大块黑灰色砂岩上。该处岩画共发现岩画 2 个画面，总计 31 个单体图像，图像分布面积约 10 平方米。画面题材主要有羊、骆驼、野驴、野马等动物形象和狩猎、放牧等场景，图像风格比较粗犷、手法古拙。另外，在其中一幅岩画图像上发现由当地牧民琢刻而成的"毛主席万岁"字样（见图 3.2.31），文字与图像之间叠压现象严重，从刻痕和琢刻手法看，不是同一时期的作品，文字叠压在图像之上，图像应为早期作品，文字为晚期作品。另外，由于地震造成部分岩石开裂，对画面造成影响，岩面长年受风吹、日晒、雨淋和自然灾害等的影响，图像都已腐蚀模糊不清。还有，当地牧民在此常年放牧，对岩画的影响也比较大，直接在画面上琢刻文字，对岩画的整体保存造成了一定的影响（见图 3.2.32～图 3.2.34）。

图 3.2.30　肃北县仓库沟口全景

图 3.2.31　肃北县仓库沟口岩画 1

第三章
甘肃岩画图像内容及分布情况

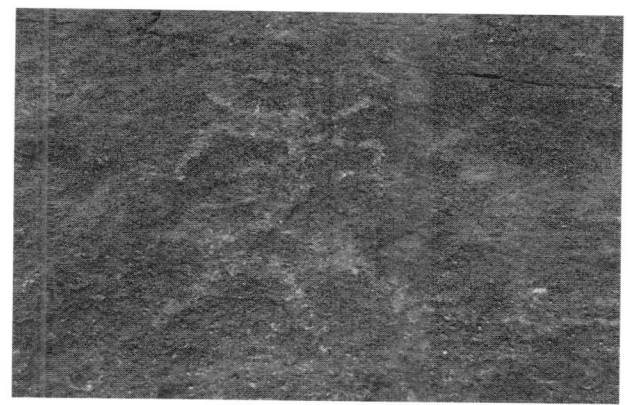

图 3.2.32　肃北县仓库沟口岩画 2

图 3.2.33　肃北县仓库沟口岩画——骑马者图

图 3.2.34　肃北县仓库沟口岩画——射猎图

12. 深沟口岩画

深沟口岩画点位于甘肃省酒泉市肃北蒙古族自治县马鬃山镇马鬃山村村委会大马鬃山山脉北古恩乎都格南1.6千米处，深沟岩画距离马鬃山镇28.84千米，北距古恩乎都格牧民才娃家春季居住房1.8千米，西4.2千米为大马鬃山山脉同昌口及马鬃山镇至桥湾的婆桥公路。周围10千米范围内为牧民才娃家的冬春季草场。深沟岩画属于肃北县北山地区，GPS坐标点为北纬41°33′07.9″，东经97°02′09.9″，海拔2102米（见图3.2.35）。该处共发现岩画2个画面，总计16个单体图像，图像分布面积约7平方米，题材主要是羊、骆驼、野驴、野马等动物形象，琢刻有图像的岩体为较粗的砂砾岩（见图3.2.36～图3.2.38）。

图3.2.35　肃北县深沟口全景

图3.2.36　肃北县深沟口岩画

图 3.2.37　肃北县深沟口岩画——狩猎图

图 3.2.38　肃北县深沟口岩画——羊图

3. 老道乎都格岩画

老道乎都格岩画点位于甘肃省酒泉市肃北蒙古族自治县马鬃山镇滚坡泉村村委会东南26千米处，属于肃北县北山地区。老道乎都格岩画周围为荒漠草原，岩画遗存点西距当地牧民白力巴家春季居住房2.57千米，当地牧民在此常年放牧，西北距马鬃山镇约26.6千米，北距马鬃山铜矿16.48千米，东距老道乎都格2.57千米，北约22千米处有马鬃山至额济纳旗东西走向的简易公路。老道乎都格四周地处剥蚀矮丘陵地带，地势南高北低、地面坡度为2°~6°，北面是广阔的戈壁，南面400米处是东西走向的马鬃山山脉。该区域属温带干旱气候，夏季炎热，冬季寒冷，四季多风，大风和沙尘为主要灾害性天气。植被以水草、芨芨草等为主，附近主要有北山羊、盘羊、狼、狐狸等野生动物。岩画 GPS 坐标点为北纬 41°34′05.5″，东经 97°06′31.4″，海拔 2022 米。老道乎都格岩画分布较广，几乎都分布在小山丘南坡崖壁和大石之上，遗存形式为旷野大石岩画和露天崖壁岩画（见图 3.2.39），图像都采用敲琢法和磨刻法制成，图像题材主要为羊、牦牛、马、骆驼、野驴、鹿、狼等动物形象以及一些狩猎场景，这些图像中的动物都是周边自然环境中野生动物的真实写照。其中一幅画面上有 5 个抽象符号，是一种类似文字的符号，也有可能是当时部落的图腾（见图 3.2.40 ~ 图 3.2.42）。该岩画遗存点的发现为研究该地区早期的历史文化和自然环境提供了图像依据。

图 3.2.39　肃北县老道乎都格小山丘全景

图 3.2.40　老道乎都格岩画——符号

图 3.2.41　老道乎都格岩画——动物图 1

图 3.2.42　老道乎都格岩画——动物图 2

14. 同古图岩画

同古图岩画点位于甘肃省酒泉市肃北蒙古族自治县马鬃山镇东南 30 千米马鬃山村马鬃山山脉北侧，老道乎都格东 8 千米小山丘西边坡底处，属于肃北县北山地区（见图 3.2.43）。该岩画遗存点西 7 千米处为 1991 年兰州市榆中建工队开凿的井（老道乎都格井），西北 19 千米处为马鬃山铜矿，北约 24 千米处有马鬃山至额济纳旗的东西走向的简易公路，正南 180 米处为当地牧民冬春草场定居点，当地牧民长期在草场周边游牧，附近西南方向 50 米处有一口井。岩画 GPS 坐标点为北纬 41°33′03.6″，东经 97°08′03.1″，海拔

2082米。岩画主要分布于大马鬃山山脉北侧山坡底部的岩石之上，遗存形式为旷野大石岩画（见图3.2.44）。目前共发现岩画3个画面，总计29个单体图像，3个画面间隔0.2~0.5米不等。图像题材主要有狩猎情景，另外还有马、羊、野驴、狼等动物，画面的内容反映了当时人们的生活方式（见图3.2.45、图3.2.46）。

图3.2.43　肃北县同古图岩画沟口全景

图3.2.44　肃北县同古图岩画山体全景

图 3.2.45　肃北县同古图岩画——动物图 1

图 3.2.46　肃北县同古图岩画——动物图 2

5. 柳沟岩画

柳沟岩画点位于甘肃省酒泉市肃北蒙古族自治县马鬃山镇滚坡泉村村委会东南 35 千米处，柳沟岩画四周是马鬃山山脉纵横，距老道乎都格约 17 千米，西北约 32 千米为马鬃山至额济纳旗的简易公路，当地牧民常年在此放牧，属于肃北县北山地区。岩画 GPS 坐标点为北纬 41°31′19.8″，东经 97°14′15.4″，海拔 2164 米（见图 3.2.47）。岩画主要分布在大马鬃山山脉中段柳沟河河沟东面的岩石上，共发现 3 组岩画，13 个画面，总计 52 个单体图像，3 组岩画间隔 50～90 米不等，13 个画面总面积约 7 平方米，每个画面尺寸都不大，最大的画面只有 0.85 米×0.7 米。图像采用敲琢法制成，题材主要有鹿、野驴、骆驼、羊、野猪和狩猎场景等，画法比较粗犷，遗存形式为旷野大石岩画（见图 3.2.48～图 3.2.52）。另外，岩画周围黑色石头上有近代当地牧民刻画的蒙古包、骏马等图像及蒙汉题记。

图 3.2.47　肃北县柳沟岩画山体全景

图 3.2.48　肃北县柳沟岩画——动物图 1

第三章
甘肃岩画图像内容及分布情况

图 3.2.49　肃北县柳沟岩画——动物图 2

图 3.2.50　肃北县柳沟岩画——动物图 3

图 3.2.51　肃北县柳沟岩画山体全景 1

图 3.2.52　肃北县柳沟岩画山体全景 2

16. 格格乌苏岩画

格格乌苏岩画位于甘肃省酒泉市北蒙古族自治县马鬃山镇滚坡泉村东约 60 千米处的马鬃山山脉腹地的山谷中，周围是滚坡泉村牧民巴图祁龙的草场，北 20 千米是马鬃山至额济纳旗的简易公路，岩画点南 50 米处有一口井及土建房屋，属于肃北县北山地区。该区域内夏季温暖避风，干旱少雨，昼夜温差大，山坡上生长有白刺、芨芨草、红柳等耐旱植被，周边有盘羊、岩羊等野生动物活动。岩画 GPS 坐标点为北纬 41°36′31.2″，东经 97°25′58.2″，海拔 1788 米（见图 3.2.53）。岩画主要分布在山崖南面断崖岩壁处，所处的山体高约 45 米，图像以敲琢法制成。共发现岩画 20 个画面，总计 120 个单体图像，此处岩画图像尺寸都不太大，单个图像基本都在 20 厘米×25 厘米以内。画面题材都是动物，有骆驼、羊、牦牛、鹿等。岩画只是受到风吹、日晒、雨淋等自然灾害的影响，无人为破坏现象，保存状况较好（见图 3.2.54～图 3.2.59）。

第三章
甘肃岩画图像内容及分布情况

图 3.2.53　肃北县格格乌苏岩画山体全景

图 3.2.54　肃北县格格乌苏岩画——动物图 1

图 3.2.55　肃北县格格乌苏岩画——动物图 2

图 3.2.56　肃北县格格乌苏岩画——动物图 3

图 3.2.57　肃北县格格乌苏岩画——动物图 4

图 3.2.58　肃北县格格乌苏岩画——动物图 5

第三章
甘肃岩画图像内容及分布情况

图 3.2.59　肃北县格格乌苏岩画——动物图 6

17. 布都呼鲁斯特岩画

布都呼鲁斯特岩画位于甘省酒泉市北蒙古族自治县马鬃山镇马鬃山村 80 千米处马鬃山东端山口内，南面和北面都是戈壁，属于肃北县北山地区。此地早期因地震和山体滑坡等自然原因使悬崖峭壁坠落，故山谷内碎石较多。西距马鬃山镇约 80 千米，北面 10 千米处是马鬃山镇至额济纳旗的简易道路，东面 4 千米处是甘肃恐龙地质公园。布都呼鲁斯特所处的山峦东、南、北三面为辽阔的戈壁，属于温带干旱气候，降雨稀少，四季多风，冬季寒冷，夏季炎热，昼夜温差大。区域内植被稀少，零星生长着水草、笈芨草、锁阳等植物，蜿蜒的山峦经常有山鸡、北山羊、骆驼等动物活动。当地的牧户长期在岩画遗存点周边游牧。岩画 GPS 坐标点为北纬 41°35′01.9″，东经 97°30′21.1″，海拔 1724 米（见图 3.2.60）。该处共发现岩画 18 个画面，总计 120 多个单体图像。图像均用敲琢法和磨刻法制成，采用剪影式和线条式两种表现方法，琢有岩画图像的岩体为砂岩。画面题材主要是动物，有羊、狼、野驴等，动物造型都比较生动（见图 3.2.61～图 3.2.65）。岩画主要分布在山崖南面断崖岩壁处，受到风吹、日晒、雨淋等自然灾害的影响，无人为破坏现象，保存较好。该岩画遗存点的发现极大地丰富了肃北地区岩画的动物种类，反映了远古时期人们对周围野生动物的记录，同时也为研究该地区早期的历史文化和自然环境提供了依据。

图 3.2.60　肃北县布都呼鲁斯特岩画山体全景

图 3.2.61　肃北县布都呼鲁斯特岩画 1

图 3.2.62　肃北县布都呼鲁斯特岩画 2

图 3.2.63　肃北县布都呼鲁斯特岩画 3

图 3.2.64　肃北县布都呼鲁斯特岩画 4

图 3.2.65　肃北县布都呼鲁斯特岩画 5

18. 霍勒扎德盖岩画

霍勒扎德盖岩画位于甘肃省酒泉市肃北蒙古族自治县马鬃山镇明水村北约30千米，岩画遗存点南面是460金矿，往西行进8千米为甘新交界白泉山金矿，北面8千米处是牧民巴图的夏季草场，属于肃北县北山地区。此处地形属山地沟壑，水资源丰富，清澈的泉水长年不断，河谷两侧有延绵数十千米的红柳、胡杨、芨芨草、梭梭柴等植被。河床边有开矿时遗留的金矿遗址，还有一条乡村便道。河谷山间中生息着野马、野驴、野骆驼、北山羊、羚羊、盘羊、狼、狐狸等野生动物。岩画GPS坐标点为北纬42°13′17.1″，东经96°09′47.6″，海拔1765米（见图3.2.66）。岩画主要分布在河床东侧的大石之上，岩石为黑灰色砂岩，该处共发现岩画9个画面，总计104个单体图像，图像面积约25平方米，题材主要是牦牛、羊、骆驼、马、人物。该遗址岩画较多，比较分散，占地面积约有120平方米。岩石因长年受风吹、日晒、雨淋等自然灾害影响，图像模糊不清，从现场可以看到人为破坏现象严重，部分岩画已被切割运走，其中一个画面还被用红色油漆涂写"金鸡独立"字样，整体破坏严重（见图3.2.67～图3.2.71）。

图3.2.66　肃北县霍勒扎德盖岩画全景

第三章
甘肃岩画图像内容及分布情况

图 3.2.67　肃北县霍勒扎德盖岩画 1

图 3.2.68　肃北县霍勒扎德盖岩画 2

图 3.2.69　肃北县霍勒扎德盖岩画 3

图 3.2.70　肃北县霍勒扎德盖岩画 4

图 3.2.71　肃北县霍勒扎德盖岩画 5

19. 山德尔岩画

山德尔岩画位于甘肃省酒泉市肃北蒙古族自治县马鬃山镇明水村村委会东北 23 千米处的小山丘顶部。岩画遗存点周围 8 千米范围内为牧民孟克巴特尔家的冬春季草场，南面约 3 千米处为马鬃山镇至钨矿的公路，西北距马鬃山钨矿约 4 千米，属于肃北县北山地区。境内地势南高北低，四周是矮丘陵，属温带干旱气候，降水稀少，气候干燥，光照充足，夏季炎热，冬季寒冷，四季多风，昼夜温差大。岩画 GPS 坐标点为北纬 96°24′15.5″，东经 96°24′15.5″，海拔 1927 米（见图 3.2.72）。岩画分布在 3 个小山丘顶部的大石之上，遗存形式为旷野大石岩画，每个小丘相隔 500 米左右，该处岩画共发现 3 个画面，总计单体图像 209 个，该遗址岩画分布较分散，占地面积约有 2— 平方米，画面题材有北山羊、野骆驼、野驴、野马等动物图像和狩猎、放牧等生产场景。图像均用敲琢法和磨刻法制成，并采用剪影式和线条式两种表现方法，琢有岩画图像的岩体为砂岩（见图 3.2.73 ~ 图 3.2.75）。岩画因长年受风吹、日晒、雨淋影响，加之此处砂岩较粗糙，图像多数模糊不清。

图 3.2.72　肃北县山德尔岩画沟口全景

图 3.2.73　肃北县山德尔岩画——动物图 1

图 3.2.74　肃北县山德尔岩画——动物图 2

图 3.2.75　肃北县山德尔岩画——动物图 3

总之，虽然从数量、规模和内容上看，肃北岩画不及新疆岩画、内蒙古岩画那样数量庞大、内容丰富，但是由于肃北特殊的地理位置，及其历史上不同民族的交替变迁，使它在中国北方岩画中具有特殊的地位和价值。对于肃北岩画的研究也应该放到一个相当宏阔的视野，联系周边岩画的研究成果、考古成果和文献记载进行比较。这样，肃北岩画的研究必然会对于甘肃岩画研究、历史研究做出它应有的贡献。

第三章
甘肃岩画图像内容及分布情况

在岩画分布上,肃北岩画正好处于我国北方岩画最多的两个省区内蒙古和新疆之间。从早期北方游牧民族的活动区域来说,它正好处于古代游牧民族迁徙、交流的重要位置。目前,岩画的断代还是岩画研究的一个世界性难题,所以对于肃北岩画的研究应该联系周边的考古成果、文献记载,形成不同领域之间的互动,这样才能开掘出其应有的研究意义,相关研究也要在一个广阔的视角中展开。从肃北的地理位置以及能够找到的涉及肃北地域的文献资料和考古发现来说,人类早期至秦汉时期,肃北地区无疑是北方游牧民族生活、迁徙的重要区域,此地至少曾经居住过月氏、乌孙、匈奴等族群。根据《穆天子传》、希罗多德《历史》以及中国史籍记载,余太山推测公元前623年秦用由余谋伐戎王,从而导致了从河西境内向西的"欧亚草原上游牧部落多米诺式的迁徙"①。如果这一推测正确,那么处于这一线路中间位置的肃北地区当为这一迁徙中较为靠前的地域。这也说明最迟在公元前7世纪就有游牧部落在这里生活和迁徙了。

相对于农耕民族,这些游牧部落的文明程度相对较低、文化发展较为滞后。最为突出的表现是他们还没有发明文字。在农耕民族已经有了成熟的文字之后,这些游牧部落尚未有自己的文字,所以就无法通过文字记载准确获知他们的生活信息。但是,这些游牧部落也有丰富的生活,他们会以各种不同的方式记录下自己的生活与体验。由于自然风化等原因,许多记录方式已无法长久地保留下来,但很幸运的是,通过琢刻岩画方式保留的信息能够穿越历史的风蚀而让我们有所获知。

肃北以东的嘉峪关、以南的青海、以西的新疆、以北的内蒙古都有大量岩画。如果把肃北岩画置于大环境之中,寻找它与周边岩画的异同,也许能够获取许多关于古代游牧民族的生活、交流、迁徙的信息。对于肃北岩画研究来说,这种寻找异同的方法有重要的作用。无论从图像题材、琢刻方式还是从艺术表现来看,此岩画都与周边的岩画有许多相似的地方,这样的探寻对于早期丝绸之路的研究也具有积极的意义,而且可能会带来更多的可以探讨的空间。

---

① 余太山. 早期丝绸之路文献研究[M]. 北京:商务印书馆,2013年.

首先，丝绸之路的开拓与北方游牧民族的活动关系密切。早期北方游牧民族的迁徙交流，沟通了欧亚大陆的联系。只是因为这些早期游牧部落或民族尚未有文字记载，所以这样的信息极其稀少。通过岩画来探寻早期游牧部落和民族的联系、交流和迁徙活动，在某种程度上能够帮助我们认识早期欧亚大陆的联系和交流的信息，有助于我们进一步理解丝绸之路的早期形成，以及这些游牧民族在丝绸之路形成过程中所起到的重要作用。其次，肃北岩画的历史时期大约从先秦到隋朝。汉代以前此处与内地的联系鲜有可靠文献记载。中原文献从《史记·大宛列传》开始才有了正式记录。也正是从《大宛列传》的记载了解到，之前，曾有许多游牧民族居住在肃北地区。此后，这一区域与内地的联系时密时疏，文献记载也相对比较丰富，结合这些文献来考察本地岩画，能够填补这一区域某些历史研究的不足，梳理出更为清晰的民族变迁历史。最后，肃北岩画的研究还需要与本地及周边的考古成果、不同文化的文献记载结合起来考察。通过与周边考古成果及文献记载的对照，形成岩画研究与考古成果、文献梳理的互动。通过三者的互补作用形成更为清晰的早期游牧图景，不仅有益于肃北岩画的研究，也能够通过岩画研究佐证历史研究。

第三节　瓜州县岩画

瓜州县属于甘肃省酒泉市，地处甘肃西部，河西走廊西端，东临玉门市，南依肃北蒙古族自治县南山区，北接肃北蒙古族自治县北山区，西北接新疆。历史上瓜州县一带就曾是丝绸之路北线重镇。全县行政区面积2.4万平方千米，常住人口约15万人，居民有蒙古、汉、回、藏族等民族。瓜州县地处安敦盆地之内，处在肃北蒙古族自治县的南山和北山之中，所以境内地势是南北高、东西低。南部接祁连山北麓，属中高山区地带，畜牧业发展繁荣。肃北蒙古族自治县石包城乡的蒙古族牧民经常在鹰咀山附近放牧。北部为中低山丘陵沟壑平原地貌；南部要高于北部。岩画遗址区属于大陆性气

第三章
甘肃岩画图像内容及分布情况

候,降水量少,蒸发量大,日照时间长,昼夜温差大。

目前,在瓜州县境内共发现1处岩画——荨子沟岩画,位于锁阳城镇农丰村东南50千米处的荨子沟之中,荨子沟南5千米为朱家大山,最高峰海拔3347米。距离荨子沟岩画最近的行政村是锁阳城镇南坝村,该村主要以农业生产和畜牧业为主。岩画遗存点所在山区为附近牧民夏季牧场,周围分布有金矿和煤矿。岩画GPS坐标点为北纬39°55′49.0″,东经96°24′31.8″,海拔2333米(见图3.3.1)。荨子沟沟内是从南向北流的沙河,沙河长年干枯。岩画分布在河沟东南面,周围均为山体,有少量植物生长。图像琢刻在距沙河河床4米的石崖上,遗存形式为露天崖壁岩画(见图3.3.2、图3.3.3)。该处岩画共发现1个画面,计有27个图像。图象均用敲琢法和磨刻法而成,琢有图像的岩体为砂砾岩,与肃北县大黑沟的岩体一致。该处岩画图像题材主要有羊、骆驼、犬、牦牛、人。其中,几只骆驼鼻部带有缰绳,或被拴在类似马桩的物体上(见图3.3.4),或被人牵着(见图3.3.5、图3.3.6),很显然骆驼已被人类驯服饲养。荨子沟岩画所处崖壁山体结构相对较为稀疏,岩画图像所在岩面相对稳定,其他部位剥落较为严重,呈现出岩画"凸"出所在崖壁的现象,岩画整体保存情况一般。

图3.3.1 瓜州县荨子沟岩画地点分布位置图

图 3.3.2　瓜州县荨子沟沟口全景

图 3.3.3　瓜州县荨子沟岩画山体全景

图 3.3.4　瓜州县荨子沟岩画——拴驼图

图 3.3.5　瓜州县荨子沟岩画——牵驼图 1

图 3.3.6　瓜州县荨子沟岩画——牵驼图 2

第四节　玉门市岩画

　　玉门市是甘肃省酒泉市的县级市，地处甘肃西北部，河西走廊西端，东临嘉峪关市和金塔县，南依肃北蒙古族自治县南山区，北接肃北蒙古族自治县北山区，西连瓜州县。全市地形复杂多样，南部接祁连山北麓，属中高山区地带，中部为走廊平原地貌，北部接肃北县马鬃山地区。全市境内主导产业为农牧业，农作物主要有小麦、大麦、玉米等。由于南部山大沟深，牧草丰富，少数村民兼营小群畜养殖业以作为补充收入。该地区属于大陆性中温带干旱气候，年降雨量少，气候干燥，多大风天气。

昌马岩画原始遗存点位于玉门市昌马乡水峡村三家台鹿子沟东边的河床中，昌马乡位于玉门市西南部，与肃北蒙古族自治县和瓜州接壤，全乡平均海拔2100米。岩画原始位置 GPS 坐标点为北纬 39°54′50.0″，东经 96°36′29.6″，海拔 2850 米（见图 3.4.1）。

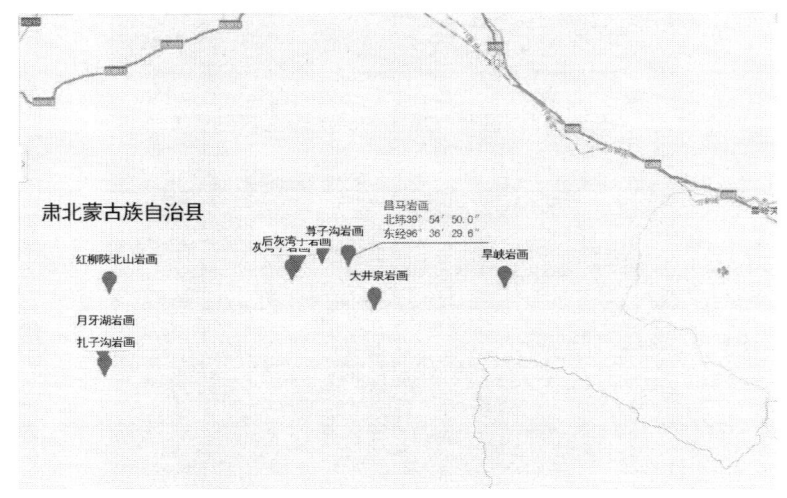

图 3.4.1　玉门市昌马岩画分布位置图

玉门市昌马乡水峡村三家台鹿子沟是一条南北走向的沙沟，沟底东边有一块表面非常平整的大石（见图3.4.2），在这块大石朝上的岩面上琢刻着许多动物图像，岩面尺寸宽2米，高1.5米，约3平方米大。因为琢有岩画图像的岩体是一块脱离山体跌落在沟底的单独大石，所以经玉门市博物馆有关专家商定将这块大石运回玉门市博物馆单独保管。目前，这块大石矗立在玉门市博物馆门口（见图3.4.3），这是迄今为止玉门市境内发现的唯一一处岩画，只有1个画面，总计24个单体图像，题材有骆驼、虎（豹）、羊、牦牛（见图3.4.4）、鹿、人。所有图像均用敲琢法制成，琢点均匀繁密，并采用线条式表现方法，琢有岩画图像的岩体为砂岩。1981年，昌马岩画被甘肃省人民政府公布为省级文物保护单位。

第三章
甘肃岩画图像内容及分布情况

图 3.4.2　玉门市昌马岩画原始遗存情况

图 3.4.3　玉门市昌马岩画现状

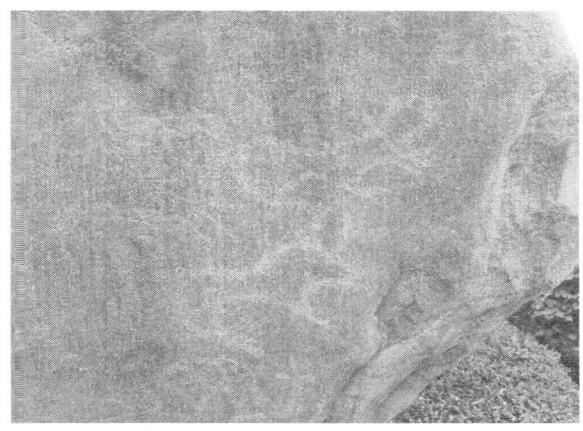

图 3.4.4　玉门市昌马岩画局部——牦牛图

第五节　嘉峪关市岩画

嘉峪关市地处甘肃西北部，河西走廊中部，东临酒泉市，南依祁连山，西北连玉门市，北接酒泉市金塔县。历史上嘉峪关曾是丝绸之路的交通要道，是万里长城的起点，是河西走廊的重镇，由此可见，嘉峪关在丝绸之路上的重要作用。目前，在嘉峪关市境内共发现6处岩画：四道股形沟岩画、交河沟岩画、红柳沟岩画、石关峡口岩画、蕉蒿沟岩画、磨子沟岩画，这6处岩画共同构成了黑山岩画（见图3.5.1）。

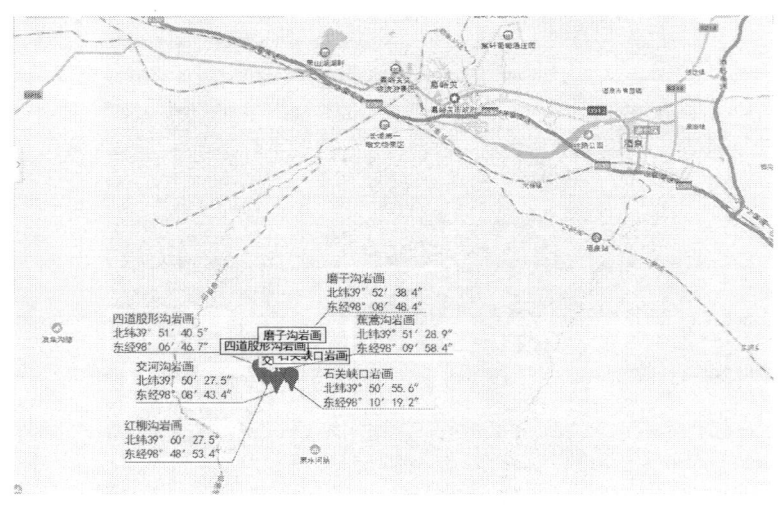

图 3.5.1　嘉峪关黑山岩画地点分布位置图

一、四道股形沟岩画

四道股形沟岩画位于嘉峪关市市辖区峪泉镇黄草营村西北面的黑山南麓四道股形沟内，距嘉峪关市区20千米。岩画GPS坐标点为北纬39°51′40.5″，

第三章
甘肃岩画图像内容及分布情况

东经98°06′46.7″,海拔 2034 米(见图 3.5.2)。1972 年,酒泉钢铁公司黑山湖农场职工在四道股形沟放牧时发现崖壁上有许多图画,当年 5 月嘉峪关市文物管理组进行了首次普查。1978 年 9 月,甘肃省博物馆与嘉峪关文物部门以及当地驻军战士进行了第二次普查。随后,在 2005 年、2006 年、2008 年又进行了几次普查。1981 年 9 月 10 日,甘肃省人民政府将黑山岩画公布为省级文物保护单位,2013 年 5 月 3 日,黑山岩画被公布为第七批全国文物保护单位。黑山位于嘉峪关市西北处,属于马鬃山支脉,四道股形沟位于黑山南麓。在四道股形沟沟口开始就分布着许多岩画,这些岩画琢刻在沟内两侧距沟底 0.5~10 米不等的石崖上,一直绵延 1 千米左右。该处岩画共发现 87 个画面,图像均用敲琢法与磨刻法制成,琢点均匀密集,琢有岩画图像的岩体为砂岩。该处岩画图像题材主要有羊、狼、鹿、牦牛、马、虎、鸟、骆驼、驼、车辆、人,以及围猎、骑射、舞蹈等场景。

图 3.5.2 四道股形沟沟口全景

其中,最典型的是四道股形沟中段的大型祭祀图,琢刻于沟谷右侧一突出崖壁上,岩面尺寸宽 1.14 米,高 1.28 米,距沟底约 3.5 米,岩面朝北。岩画内容以全身人像为主,图像总计 40 个:全身人像 32 个,羊 2 只,不明物 6 个,人物凿刻成 7 排,双手叉腰或单手叉腰,身体直立,发辫上扬做舞蹈状(见图 3.5.3)。人物姿态几乎一致,这应该是一次族人集体参与的大型祭祀活动。羊作为祭祀物品出现在第四排最左侧和最右侧。此幅画面目前距离沟底较高，下方没有可以攀爬的基石，但是画面四周都已经被刻有许多文字，由此判断出该处地貌发生变化的时间应该不会太久。

图3.5.3　嘉峪关市四道股形沟岩画——祭祀图

另外一幅岩画位于四道股形沟沟口，琢刻于距离沟底十几米的一块单独的大石之上，岩面尺寸宽0.85米，高0.64米，岩面朝北。岩画内容全是动物，图像总计14个：虎5只，羊3只，牦牛2头，鸟2只，蛇1条，不明物1个。其中，虎以线条式造型，其他动物则以剪影式造型。虎的尾端都呈上翘状，身上体纹清晰（见图3.5.4）。

图3.5.4　嘉峪关市四道股形沟岩画——动物图1

在甘肃岩画中出现过两个车辆图像,一幅在白银市靖远县境内,另一幅在嘉峪关市黑山四道股形沟内(见图3.5.5)。

图3.5.5　嘉峪关市四道股形沟岩画——车辆图

受长期风蚀、雨淋及阳光照射等自然现象的影响,大部分岩石表面崩裂,剥蚀严重,致使部分岩画随岩体脱落而消失。另外,夏秋两季偶发的泥石流、岩石间生长的植物等,对岩画的存续也有一定的影响。人为因素方面影响最大,能攀爬到达的画面几乎都被人描摹刻画了,对图像造成了不可逆的破坏(见图3.5.6～图3.5.12)。

图3.5.6　嘉峪关市四道股形沟岩画——动物图2

图 3.5.7　嘉峪关市四道股形沟岩画——动物图 3

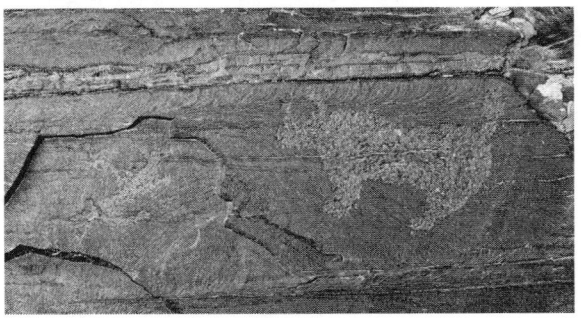

图 3.5.8　嘉峪关市四道股形沟岩画——射猎图 1

图 3.5.9　嘉峪关市四道股形沟岩画——射猎图 2

第三章
甘肃岩画图像内容及分布情况

图 3.5.10 嘉峪关市四道股形沟岩画——射猎图 3

图 3.5.11 嘉峪关市四道股形沟岩画——虎图

图 3.5.12 嘉峪关市四道股形沟岩画——舞蹈图

二、交河沟岩画

交河沟岩画位于嘉峪关市峪泉镇黄草营村西北的黑山南麓交河沟内,是黑山岩画的组成部分。岩画 GPS 坐标点为北纬 39°50′27.5″,东经 98°08′43.4″,海拔 1723 米。从交河沟沟口步行 2 千米到达岩画分布点,岩画琢刻在距沟底高 3 米左右的崖壁上,图像分别位于岩石的东、南两个侧面,该处岩画共发现两个画面,能够清晰辨识的图像总计有 4 个,分布面积约 10 平方米。岩画图像题材有人、马、鸟以及抽象符号。图像均用敲琢法制成,凿点均匀密集。其中,南侧岩面上凿刻的抽象符号较为清晰(见图 3.5.13 ~ 图 3.5.15)。琢有图像的岩体为砂岩,岩石表面有风化现象,不过图像并未受到影响,保存较好。1981 年 9 月 10 日,甘肃省人民政府将交河沟岩画作为黑山岩画的一部分公布为省级文物保护单位。

图 3.5.13　交河沟沟口全景

图 3.5.14　交河沟岩画——符号

图 3.5.15　交河沟岩画——骁马者、鸟

三、红柳沟岩画

红柳沟岩画位于嘉峪关市峪泉镇黄草营村西侧的黑山南麓红柳沟内,也是黑山岩画的组成部分。岩画 GPS 坐标点为北纬 39°60′27.5″,东经 98°48′53.4″,海拔 1689 米(见图 3.5.16)。从红柳沟沟口步行 1 千米左右到达岩画遗存点,岩画琢刻在距沟底高 2 米左右的南侧崖壁上,该处岩画共发现 7 个画面,岩画图像题材有马、羊、人像、佛塔、佛殿、藏文题记(见图 3.5.17)。岩壁上除了岩画图像以外,还有一个佛龛,佛龛深约 0.3 米,高约 0.48 米,佛龛内壁上刻有一尊结跏趺状的佛像(见图 3.5.18)。佛龛周围,还凿刻有四座佛塔,佛塔旁都有藏文题记(见图 3.5.19)。画面中图像均用敲琢法和磨刻法制成,凿点较稀松,凿痕不深。琢有岩画图像的岩体为砂岩,岩石表面有风化现象,许多图像已经模糊不清。1981 年 9 月 10 日,甘肃省人民政府将交河沟岩画作为黑山岩画的一部分公布为省级文物保护单位。

图 3.5.16　嘉峪关市红柳沟沟口全景

第三章
甘肃岩画图像内容及分布情况

图 3.5.17　嘉峪关市红柳沟岩画

图 3.5.18　嘉峪关市红柳沟——佛龛

图 3.5.19　嘉峪关市红柳沟岩画——佛塔图像

四、石关峡口岩画

　　石关峡口岩画位于嘉峪关市峪泉镇黄草营村西北的黑山南麓石关峡东口内，是黑山岩画的组成部分之一。岩画 GPS 坐标点为北纬 39°50′55.6″，东经 ⬚°10′19.2″，海拔 1695 米（见图 3.5.20）。石关峡口北侧崖壁 0.2 千米处为护国寺，0.4 千米处为悬壁长城文物景区。峡口内有简易便道可进出，沟内有一条东西走向的沙河，岩画琢刻在距沙河高 1~10 多米的南边和北边的崖壁上，北壁最高处图像距沟底 10 余米，人可望而不可即，所以保存较完整，但是下部图像因为较低，所以受到的人为破坏较严重（见图 3.5.21）。南壁上的图像距沟底较近，人能触及，所以岩画遭人为破坏也十分严重，不断有游客的描摹和刻画，整体保存情况非常不好。该处岩画共发现 16 个画面，能够清晰辨识的岩画图像计有 42 个和 3 个佛塔，分布面积约 40 平方米。图像均用敲琢法和磨刻法制成，凿点稀疏，制作比较简单粗糙，有的画面仅用凿点敲凿成粗犷的轮廓而未连成线。岩画图像题材有虎、羊、牛、鹿、骆驼等以及几个佛塔。琢有岩画图像的岩体为砂岩，岩石表面有风化现象，图像受到影响，整体保存较差，人为破坏十分严重。1981 年 9 月 10 日，甘肃省人民政府将其作为黑山岩画的一部分公布为省级文物保护单位。

图 3.5.20　嘉峪关市石关峡沟口全景

图 3.5.21　嘉峪关市石关峡北壁岩画山体全景

第三章
甘肃岩画图像内容及分布情况

南壁一共有9个画面,按照由东到西的方向将这9个画面编号为1号画面至9号画面,单体图像总计25个,另外还有1个佛塔图像,南壁上的图像主要以佛塔为中心,佛塔两侧和下方琢刻有许多单体动物。其中,4号画面是佛塔图像,岩面尺寸宽1.74米,高1.2米,距地面高约4米,岩面朝北。画面中间是佛塔,佛塔座下刻一方古藏文题记、一个万字符和一个鼓形铜灯或香炉,佛塔上方刻有经幡,佛塔左上方刻有一只羊,从刻痕和琢刻手法来看,不属于同期作品(见图3.5.22)。5号画面有一株单独的植物(见图3.5.23),这是甘肃为数不多的表现植物的岩画,另外,在肃北蒙古族自治县和古浪县也发现了几株植物岩画。

图3.5.22 嘉峪关市石关峡南壁4号画面

图3.5.23 嘉峪关市石关峡南壁5号画面

北壁一共有 7 个画面，按照由东到西的方向将这 7 个画面编号为 1 号画面至 7 号画面，单体图像总计 17 个，另外还有 2 个佛塔图像。北壁上的图像主要以一幅大明万历年间的石刻为中心向周围依次排开（见图 3.5.24）。其中，2 号画面岩面尺寸宽 1.18 米，高 0.92 米，距地面高约 10 米，岩面朝南，由于距离地面较高，再加上崖壁陡峭难以攀爬，所以画面图像保存较好（见图 3.5.25）。

图 3.5.24　嘉峪关市石关峡北壁石刻

图 3.5.25　嘉峪关市石关峡北壁 2 号画面

三、蕉蒿沟岩画

蕉蒿沟岩画立于嘉峪关市峪泉镇黄草营村西面的黑山东麓蕉蒿沟内,是黑山岩画的组成部分之一。岩画 GPS 坐标点为北纬 39°51′28.9″,东经 98°09′53.4″,海拔 1715 米。2005 年嘉峪关文物景区职工在蕉蒿沟发现 10 幅岩画,2006 年嘉峪关长城保护研究所又组织普查,重新编号为 14 幅;2009 年普查又发现岩画 3 幅;2015 年 10 月,嘉峪关市长城博物馆与嘉峪关市悬壁长城主管所再次对蕉蒿沟岩画进行考察。从蕉蒿沟口处步行 1 千米左右到达岩画点,沟内有一条干枯的沙河,岩画零星分布于沟口谷地的岩石至沟两侧的山崖石壁上,距沟底 0.9 米至 2 米不等。从嘉峪关市文物局保留的"第三次全国文物普查不可移动文物登记表"上看到,蕉蒿沟岩画共发现 17 幅。但是由于黑山连年开采,在蕉蒿沟内有铜矿开采,有简易便道可进出沟内,有大型机械在此作业开矿,对此处的原始地貌破坏严重(见图 3.5.26)。此次考察在该处共发现 11 个画面,图像均用敲啄法制成,有些图像啄点稀疏,制作上较简单粗糙,图像题材有羊、牛、鹿、骆驼等,另外还有 1 个佛塔。啄画着岩画图像的岩体为砂岩,岩石表面有风化现象,图像受到影响,整体保存极差。

图 3.5.26　嘉峪关市蕉蒿沟沟口全景

其中，最大的画面所在岩面尺寸宽 2.3 米，高 1.84 米，是 11 个画面中最大的一幅。图像题材有马、牛、羊、骆驼、犬、鹿等多种动物（见图 3.5.27～图 3.5.33）。

图 3.5.27　蕉蒿沟岩画 1 号画面 1

图 3.5.28　蕉蒿沟岩画 1 号画面 2

第三章
甘肃岩画图像内容及分布情况

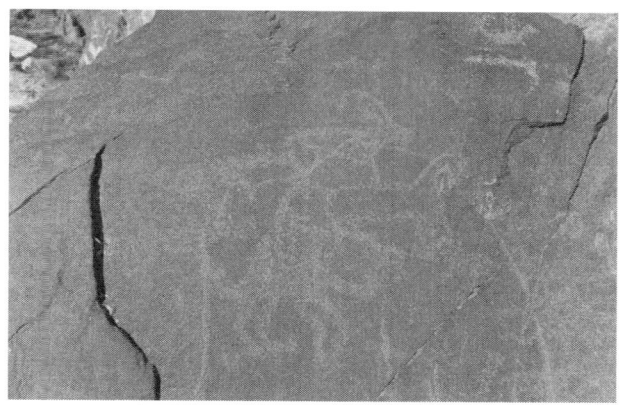

图 3.5.29　蕉蒿沟岩画 1 号画面局部 1

图 3.5.30　蕉蒿沟岩画 1 号画面局部 2

图 3.5.31　蕉蒿沟岩画 2 号画面

图 3.5.32　蕉蒿沟岩画 3 号画面

图 3.5.33　蕉蒿沟岩画 4 号画面

六、磨子沟岩画

磨子沟岩画位于嘉峪关市峪泉镇西北的黑山东麓磨子沟内,是黑山岩画的组成部分之一。岩画 GPS 坐标点为北纬 39°52′38.4″,东经 98°08′48.4″,海拔 1768 米。1978 年 10 月,由甘肃省博物馆、嘉峪关市文教局、嘉峪关市文物管理所组成的普查队在磨子沟共发现岩画 4 幅;2004 年后,嘉峪关市文悬壁长城文物管理所负责岩画的日常保护和巡逻检查;2006 年嘉峪关长城研

第三章
甘肃岩画图像内容及分布情况

究所组织普查，又新发现岩画 1 幅。早期，磨子沟岩画一直在自然状态下存续，周边地区大多人迹罕至，因而岩画的整体保存现状较好。但是近年来，在岩画保护区内有一些采矿活动，对岩画周边的原始地貌破坏严重。磨子沟岩画大部分图像都凿刻在一块坐落在沟底的大石之上，因为受到长期的风蚀、雨淋及阳光照射等自然现象的影响，岩石表面崩裂及剥蚀，图像多模糊不清（见图 3.5.34）。岩画遗存形式为旷野大石岩画和露天崖壁岩画，琢有岩画的大石为砂岩。图像题材有全身人像、羊、马、骆驼、鸟和涉猎场景等，用敲琢法成像。另外，岩画中有一些后人琢刻的文字和打油诗叠压在早期岩画上，对图像造成了一定程度的影响（见图 3.5.34～图 3.5.38）。1981 年 9 月 10 日，甘肃省人民政府将磨子沟岩画作为黑山岩画的一部分公布为省级文物保护单位。

图 3.5.34　嘉峪关市磨子沟岩画全景

图 3.5.35　磨子沟岩画

图 3.5.36　磨子沟岩画局部 1

图 3.5.37　磨子沟岩画局部 2

图 3.5.38　磨子沟岩画局部 3

第六节　肃南裕固族自治县岩画

　　肃南裕固族自治县隶属于甘肃省张掖市，是全国唯一的裕固族自治县，地处甘肃中部，河西走廊中部，祁连山北麓，位于张掖市西南部，东临永昌县，南依青海，西连酒泉、嘉峪关，北接高台、临泽、甘州区、民乐。肃南县东西长650千米，境内约有400千米处于祁连山区，地势南高北低，南部接祁连山北麓，属中高山区地带，畜牧业发展繁荣；西北部为低山丘陵地貌。全县的经济形式以畜牧业为主。全县海拔在2000米至4000米之间，属半干旱、半湿润山地草原气候区，生长了芨芨草、皮尖草、针茅草等植物。野生动物有狼、狐狸、野兔、秃鹫、乌鸦、喜鹊、旱獭、老鼠、麻雀等，生态环境良好。

　　镭山岩画位于张掖市肃南裕固族自治县大河乡营盘村境内，大河乡地处肃南裕固族自治县北面，东靠康乐镇，南与青海省祁连县接壤，西依祁丰藏族乡，北与高台县、临泽县为邻，辖区面积2992.9平方千米。镭山岩画遗存点距离肃南县城15千米，距大河乡鹿场13千米，目前在大河乡境内共发现一处岩画。岩画GPS坐标点为北纬38°89′31.4″，东经99°54′00.1″，海拔2882米（见图3.6.1）。从大河乡营盘村口向西南方向直行约2千米到达镭山山口，从山口向南行进7千米到达岩画遗存点，岩画由北向南依次分布在镭山山底（见图3.6.2、图3.6.3）。该处岩画遗存点共发现8个画面，共有145个图像。根据从北向南的顺序，将8个画面编号为1号画面至8号画面。图像均用敲琢法制成，琢点均匀密集。琢有岩画图像的岩体为砂岩，岩画遗存形式全部是旷野大石岩画。该处岩画图像题材主要有抽象符号、羊、牦牛、虎（豹）、马、人。该处岩画在2003年4月1日列入县级文物保护单位（见图3.6.4）。

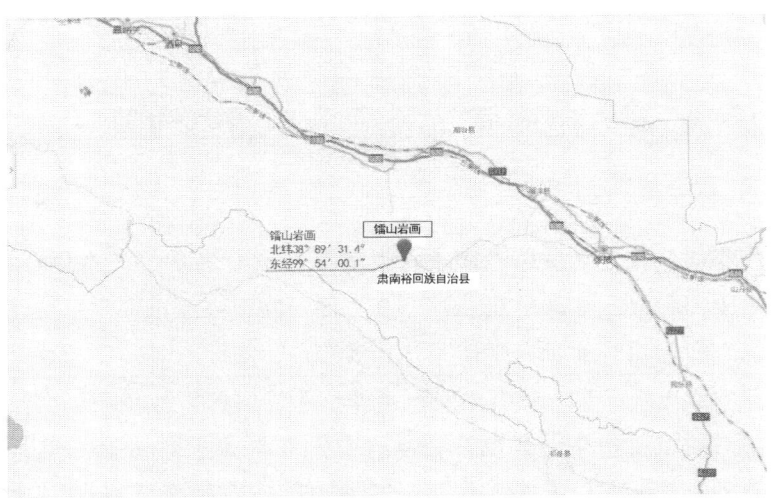

图 3.6.1　肃南县镭山岩画分布位置图

图 3.6.2　肃南县镭山山口全貌 1（2016 年 7 月 15 日摄）

第三章
甘肃岩画图像内容及分布情况

图 3.6.3　肃南县镭山山口全貌 2（2019 年 4 月 15 日摄）

图 3.6.4　肃南县镭山岩画保护碑

1 号画面所在岩石岩面尺寸宽 1.70 米，高 3.3 米，是 8 幅岩画中最大的一幅，清晰可辨认的图像共 48 个。整个石头平躺于坡底，岩面朝上，石面上出现多道裂纹，对画面图像造成一定影响（见图 3.6.5）。图像题材以抽象符号为主，许多类似太阳的圆圈符号，圆圈周围有若干个放射短线（见图 3.6.6、图 3.6.7）。画面中所有图像均用密集敲琢法以线条造型，其中最大的一只圆圈直径尺寸为 32 厘米（见图 3.6.8）。

图 3.6.5　肃南县镭山岩画
1 号画面全景

图 3.6.6　肃南县镭山岩画
1 号画面局部 1

图 3.6.7　肃南县镭山岩画
1 号画面局部 2

图 3.6.8　肃南县镭山岩画
1 号画面局部 3

第三章
甘肃岩画图像内容及分布情况

2号画面所在岩石岩面尺寸宽2.1米，高1.66米，清晰可辨认的图像共21个，无法辨识的图像2个。整个石头平躺于坡底，岩面朝上（见图3.6.9）。所有图象用密集敲琢法以线条造型，以抽象符号为主，出现了类似马蹄的图像（见图3.6.10）。

图3.6.9　肃南县镭山岩画2号画面　　　图3.6.10　肃南县镭山岩画2号画面
　　　　　　　　　　　　　　　　　　　　　　　　——马蹄图

3号画面所在岩石是一块体积不大的石头，岩石尺寸长2米，宽0.77米，高0.57米，清晰可辨认的图像共12个，无法辨识的图像3个。整个石头平躺于坡底，岩画图像刻画在岩石的两个面上，其中刻画图像的一个面朝上，另一个面朝南（见图3.6.11）。画面图像有二次琢刻现象，所以图像之间有重合叠加，对早期图像造成一定影响。图像题材以抽象图像为主，其中主要的一个图像类似蛇形，仿佛蛇腹中吃满了食物（见图3.6.12）。

图 3.6.11　肃南县镭山岩画 3 号画面

图 3.6.12　肃南县镭山岩画 3 号画面局部

第三章
甘肃岩画图像内容及分布情况

4号画面所在岩石是一块体积很大的石头，岩石尺寸长1.94米，宽1米，高2.07米，清晰可辨认的图像共20个。整个石头矗立于坡底，岩画图像琢刻在岩石的三个面上（见图3.6.13）。其中，琢刻图像最多一个面朝南，在这个面上共有21个图像，都是抽象符号和抽象图形，其中能辨识清楚的有16个图像，无法辨识图像只有琢痕的5个（见图3.6.14）。另一个面朝北，有十几个有琢痕图像，琢痕的颜色与岩石表面已经完全一致，所以无法辨识。还有一个面朝东的图像，上面刻有3个类似蛇状的长条图像和1个圆圈以及8个无法辨识的琢痕图像。

图3.6.13　肃南县镭山岩画4号画面

图3.6.14　肃南县镭山岩画4号画面局部

5号画面所在岩石是一块体积不大的石头，岩石尺寸长1.24米，宽1.62米，清晰可辨认的图像共4个圆圈（见图3.6.15）。

5号画面所在岩石是一块体积很大的石头，岩石尺寸长0.8米，宽0.65米，高0.46米，清晰可辨认的图像共13个。整个石头矗立于坡底，岩画图像琢刻在岩石的三个面上（见图3.6.16）。岩石上琢刻的图像都是抽象符号和抽象图形及不规则琢痕。

图 3.6.15　肃南县镭山岩画 5 号画面

图 3.6.16　肃南县镭山岩画 6 号画面

7 号画面所在岩石是一块体积不大的石头，琢刻岩画的面的尺寸长 0.9 米，高 0.65 米，清晰可辨认的图像共 22 个。整个石头坐落于坡底，琢有图像的岩石面朝东（见图 3.6.17）。图像题材有人、牦牛、马、羊、狗、虎

(豹），这是镭山唯独一幅反映具象题材的画面（见图 3.6.18）。

图 3.6.17　肃南县镭山岩画 7 号画面

图 3.6.18　肃南县镭山岩画 7 号画面局部

8号画面所在岩石是一块体积不大的石头，岩石尺寸长0.81米，宽0.4米，高0.45米。整个石头坐落于坡底，琢刻有图像的岩面一个朝上，一个朝东（见图3.6.19）。图像题材是由圆圈和直线组成的抽象图形。

图3.6.19　肃南县镭山岩画8号画面

第七节　山丹县岩画

山丹县隶属于张掖市，地处甘肃中部，河西走廊中部，位于张掖市东部，东临永昌县，南依青海，北接内蒙古自治区的阿拉善右旗。境内地势东南高西北低，南部接祁连山北麓，属中高山区地带，畜牧业发达；西北部为低山丘陵平原地貌，适合发展农业。全县经济形式为半农业半畜牧业。

目前，在山丹县境内共发现4处岩画：老军乡峡口村卧牛沟岩画、老军乡峡口村羊鹿沟岩画（见图3.7.1）、四达子沟岩画、长沟脑岩画。其中，

第三章
甘肃岩画图像内容及分布情况

卧牛沟岩画、羊鹿沟岩画遗存点都位于距山丹县东南 40 千米处的老军乡峡口村。其峡口古城是古丝绸之路北线重要驿站，是甘州通凉州古道上非常重要的关口，处于焉支山与北山之间的峡谷当中，建于清代（见图 3.7.2）。峡口古城 GPS 坐标点为北纬 38°30′19″，东经 101°25′02″，海拔 2294 米。卧牛沟岩画距离羊鹿沟岩画直线距离 6 千米。山丹县岩画属于露天崖壁岩画，即为在旷野露天的山体崖壁上琢刻而成的岩画。露天崖壁岩画一般分布在地形比较开阔的山谷两侧、山前湖滨地带及山谷出口等地貌区，附近地势比较平坦，有丰富的水源（河流或湖泊）和便利的交通条件，由此可见，山丹岩画的分布区应该是古代先民生存活动频繁的地区。总体上看，山丹岩画的图像风格和内容题材与中国大北方岩画比较接近，其时代判定还有待下一步深入分析和研究。

图 3.7.1　山丹县岩画分布位置图

一、羊鹿沟岩画

山丹县老军乡峡口村羊鹿沟岩画于 2007 年由当地牧民发现并报告山丹县文物部门。岩画遗存点位于峡口村西部的羊鹿沟沟内，距山丹县城 42 千

图 3.7.2　山丹县老军乡峡口村峡口古城

米。岩画 GPS 坐标点为北纬 38°49′61.7″，东经 101°41′09.0″，海拔 2322 米。从峡口村村口向西行进约 2 千米到达岩画遗存点，沟内是曾经从南向北流的目前已干枯的沙河，岩画由南向北依次分布在距沙河河床 1～5 米的石崖上（见图 3.7.3）。该处岩画共发现 9 个画面，计有 48 个单体图像。根据从北向南的顺序，将 9 个画面编号为 1 号画面至 9 号画面。图像均用敲琢法制成，琢点均匀密集，岩画图像题材主要有羊、牦牛、虎（豹）、马、人。琢有岩画图像的岩体为砂岩。

图 3.7.3　山丹县羊鹿沟沟口全貌

号画面所在岩石岩面尺寸宽 1.40 米，高 0.9 米，是 9 幅岩画中最大的一幅。清晰可辨认的图像共 25 个。图像题材有牦牛 2 只、虎（豹）5 只、羊 11 只、琢痕 7 个。画面朝南，整个石面上出现多道裂纹，对画面图像造成一定影响。画面中所有图像均用密集敲琢法以线条造型，其中，最大的一只虎（豹）图像尺寸为 15 厘米×7 厘米（见图 3.7.4）。

号画面所在岩石岩面尺寸宽 1.1 米，高 1.2 米，图像共 2 个，画面朝南。图像题材有残羊 1 只、不明物 1 个（见图 3.7.5）。

图 3.7.4　山丹县羊鹿沟 1 号画面

图 3.7.5　山丹县羊鹿沟 2 号画面

号画面所在岩石岩面尺寸宽 1.8 米，高 1.83 米，距离地面 4 米，画面朝南。清晰可辨认的图像共 3 个。图像题材是牦牛 3 只。其中，最上方的牦牛尺寸为 18 厘米×12 厘米；中间的牦牛尺寸为 15 厘米×8 厘米；最下方的牦牛尺寸为 10 厘米×15 厘米。图像之间无相互叠压现象（见图 3.7.6）。

号画面所在岩石岩面尺寸宽 0.45 米，高 0.76 米，画面朝东南。图像题材有全身人像 1 个、不明物 2 个。其中，人物尺寸为 16 厘米×23 厘米（见图 3.7.7）。

图 3.7.6　山丹县羊鹿沟 3 号画面

图 3.7.7　山丹县羊鹿沟 4 号画面

5 号画面所在岩石岩面尺寸宽 1.52 米，高 1.5 米，清晰可辨认的图像共 3 个，画面朝南。图像题材有全身人像 2 个、犬 1 只。其中，犬尺寸为 6 厘米×5 厘米（见图 3.7.8）。

图 3.7.8　山丹县羊鹿沟 5 号画面

号画面所在岩石岩面尺寸宽 0.67 米，高 0.65 米，清晰可辨认的图像共 2 个，画面朝南。图像题材是牦牛 2 只（见图 3.7.9）。

号画面所在岩石岩面尺寸宽 1.6 米，高 1.2 米，能够清晰辨认的图像共 10 个，面朝东南。图像题材有牦牛 4 只、羊 6 只，以及不明物（见图 3.7.10）。

图 3.7.9　山丹县羊鹿沟 8 号画面　　图 3.7.10　山丹县羊鹿沟 9 号画面

二、卧牛沟岩画

卧牛沟岩画位于峡口村东部的卧牛沟沟内，距山丹县城 45 千米。岩画 GPS 坐标点为北纬 38°52′58.3″，东经 101°46′42.2″，海拔 2199 米。从峡口村村口向东行进约 4 千米到达岩画遗存点，沟内是曾经从南向北流的目前已干枯的沙河，岩画由南向北依次分布在距沙河河床 1~5 米的石崖上（见图 3.7.11）。该处岩画共发现 4 个画面，共计 18 个图像。根据从北向南的顺序，将 4 个画面编号为 1 号画面至 4 号画面。图像均用敲琢法制成，琢点均匀密集。琢有岩画图像的岩体为砂岩。该处岩画图像题材主要有羊、牦牛、虎（豹）、马、人。该地岩画文化内涵丰富，与中国大北方岩画的题材内容和成像手法基本一致，具有北方岩画的风格特征，是研究该地区历史文化的有力实物依据，具有一定的研究和保护价值。

图 3.7.11　山丹县卧牛沟沟口全貌

1 号画面所在岩石岩面尺寸宽 0.3 米，高 0.5 米，清晰可辨认的图像只有 1 个。图像题材是 1 只骆驼。岩面朝南，图像用密集敲琢法以线条造型，其中，骆驼图像尺寸为 15 厘米×8 厘米（见图 3.7.12）。

图 3.7.12　山丹县卧牛沟 1 号画面

第三章
甘肃岩画图像内容及分布情况

2号画面所在一块岩石的三个面上都有画面,岩石距沟底8米,清晰可辨认图像共4个。图像题材是2只鹿、2只羊。岩面朝南,图像用密集敲琢法以线条造型。4个图像保存完整,无重叠打破现象(见图3.7.13)。

图3.7.13　山丹县卧牛沟2号画面

3号画面所在岩石岩面尺寸宽0.55米,高1.2米,距离沟底1.5米,岩面朝南,清晰可辨认的图像共11个,其中图像有牦牛、公鹿、狼。图像用密集敲琢手法以线条造型,其中最大的鹿的图像尺寸为18厘米×12厘米,画面中图像存在重叠打破现象(见图3.7.14)。

图3.7.14　山丹县卧牛沟3号画面

4号画面所在岩石岩面尺寸宽1.15米,高1.09米,坐落在沟底,岩面朝南,清晰可辨认的图像只有1个,图像是一人骑马,图像尺寸为32厘米×27厘米(见图3.7.15)。

图3.7.15　山丹县卧牛沟4号画面

第八节　永昌县岩画

永昌县属于甘肃省金昌市,地处甘肃中部,河西走廊东部,位于金昌市东部,东临武威市,南依肃南裕固族自治县,西连山丹县,北接金川区。永昌县境内地势南高北低,山地平原交错,全县地形复杂多样,平均海拔2100米。全县境内主导产业为农林渔牧业,农作物主要有大麦、小麦、玉米、薯类等。

目前,在永昌县境内共发现5处岩画遗存点:牛娃山岩画、大泉岩画、北山岩画、青石头沟岩画、杨家大山岩画(见图3.8.1)。

第三章
甘肃岩画图像内容及分布情况

图 3.8.1　永昌县岩画地点分布位置图

一、牛娃山岩画

牛娃山岩画位于永昌县新城子镇马营沟村南湾居民区南侧牛娃山山脊之上，新城子镇位于永昌县城西南 39.3 千米处，马营沟村也位于新城子镇西南部。岩画遗存点距离马营沟村南湾居民区 2.5 千米，岩画 GPS 坐标点为北纬 38°12′12.2″，东经 101°41′07.7″，海拔 2536 米。新城子镇东临永昌县焦家庄乡，南依肃南裕固族自治县皇城镇，西接山丹军马场，北与永昌县红山窑乡交界，全镇境内地势南高北低。

牛娃山岩画于 1994 年由当地牧民发现并报告永昌县博物馆，1995 年 7 月永昌县博物馆组织人员进行了相关调查。2002 年 6 月 5 日，甘肃省文物考古研究所岳邦湖、王元林、岳晓东和永昌县博物馆馆长张得智进行了详细的调查，并联合发表了论文《甘肃永昌牛娃山岩画调查与研究》（《考古与文物》2007 年第 3 期）。牛娃山岩画地处祁连山北麓山体外延，山体由青灰色砂岩构成，东西走向，南北两侧均为山沟，山沟内有时令性河道。牛娃山岩画遗存点所在地属高山气候，生长有芨芨草、白刺、臭蒿、花柴等植物，时常有岩羊、野鸡、野兔等动物出没。牛娃山岩画东侧山沟内有一条山间便道，西侧3.5千米处为永皇公路，北侧2.5千米处为南湾居民区。当地居民收入以农业收入为主，畜牧业收入为辅，种植小麦、大麦等农作物以及一些中药材，饲养牛、羊等家畜。从马营沟村村口向东南方向行进约2.5千米到达岩画遗存点，沟内有几条南北流向的随时令而干枯的小沙河，此处岩画全部分布在山脊之上裸露的大石头上（见图3.8.2），琢刻有岩画的大石头分布比较分散，全部都分散在山坡的东、北阳面处，岩画遗存形式是旷野大石岩画，琢有岩画图像的岩体为砂岩。该处共发现岩画29个画面，计有108个图像，将这29个画面编号为1号画面至29号画面，所有图像均用敲琢法和磨刻法制成，琢点均匀密集，磨痕深浅不一。图像造型可分为密集琢点形成的剪影式造型和琢点形成的线条式造型。该处岩画图像题材主要有牛、羊、狼、鹿、骆驼、马、虎（豹）、人像。此处岩画以动物图像为主，人物出现得较少。这些动物图像写实性较强，生动地表现了当地动物的形态与种类。牛娃山岩画于2012年4月17日被列为市级文物保护单位（见图3.8.3～图3.8.7）。

图3.8.2　永昌县牛娃山全景

第三章
甘肃岩画图像内容及分布情况

图 3.8.3 永昌县牛娃山岩画保护碑

图 3.8.4 永昌县牛娃山岩画——牛图

图 3.8.5 永昌县牛娃山岩画——动物图 1

图 3.8.6　永昌县牛娃山岩画——动物图 2

图 3.8.7　永昌县牛娃山岩画——动物图 3

二、大泉岩画

大泉岩画位于金昌市永昌县红山窑乡毛卜拉村大泉水库旁的小山丘上，红山窑乡位于永昌县城西南 38 千米处，毛卜拉村位于红山窑乡西北 24 千米处，大泉岩画遗存点距离毛卜拉村 3 千米，岩画 GPS 坐标点为北纬 38°16′26.5″，东经 101°34′01.3″，海拔 1996 米。红山窑乡东临永昌县焦家庄乡，南与永昌县新城子镇交界，西接山丹县，北接金昌市，全镇境内地势南高北低。全乡较贫困。半农半牧，农业以灌溉为主，在毛卜拉村边有一大泉水库。由毛卜拉村对口向西南方向行进约3千米到达大泉水库，水库边有不太高的山丘，此处岩画全部分布在山丘上的崖壁断面上（见图3.8.8），岩画遗存形式是露天崖壁岩画，琢有岩画图像的山体由灰色砂岩构成，岩画图像所在岩面因自然风化，岩石龟裂，部分岩面断裂脱落严重。附近生长着耐旱蒿类、芨芨草、花柴等植被。该处岩画共发现9个画面，所有图像均用敲琢法制成，琢点均匀密集。图像造型可分为密集琢点形成的剪影式造型与琢点形成的线条式造型，线条式造型的图像偏多。该处岩画图像题材主要有羊、鹿、虎、人像、符号。大泉岩画于2012年4月17日被列为市级文物保护单位。

图3.8.8　永昌县大泉岩画山体全景

其中，在1号画面中琢刻有一个半圆形，这个半圆形与一只羊是重叠叠压关系，从琢痕上看，半圆形的琢痕比羊的琢痕要深得多，应该不是同时期所为，半圆形打破羊的存在，在制作时间上应该晚于羊的制作时间（见图3.8.9）。至于半圆形是否是当地人说的器皿，还有待进一步研究。

图 3.8.9　永昌县大泉岩画 1 号画面

6 号画面中琢刻有一只角极其夸张的鹿，此鹿的存在方向也与画面中其他动物的方向不同，可能是因为鹿角太长，画面中已经没有足够的位置了，所以只能将头部冲上的方向琢刻在画面最右侧，如果从位置优先角度推断，那么鹿制作的时间应该晚于其他图像（见图 3.8.10）。

图 3.8.10　永昌县大泉岩画 6 号画面

7 号画面是此处遗存点中最大的一幅画面，距离地面约 7 米，画面中图像较多，出现体积较大的全身人像和虎、牦牛、鹿、羊等动物。此幅画面中的全身人像比较特殊，6 个人像全部蹲踞式似蛙形，双手双脚分开（见图 3.8.11）。由于距离地面较高且无法攀爬，除了岩面受自然侵蚀断裂以外，无人为破坏现象，画面保存较完整。

除此之外，在8号画面中出现一幅骑虎图，虎的尺寸为37厘米×20厘米，虎身上骑有一人，周围三只牦牛，两个骑马者，两只羊，画面中间还有一个圆圈（见图3.8.12）。9号画面中出现一个蹲踞式的人像（见图3.8.13）

图3.8.11　永昌县大泉岩画7号画面

图3.8.12　永昌县大泉岩画8号画面

图3.8.13　永昌县大泉岩画9号画面

三、北山岩画

北山岩画位于永昌县焦家庄乡陈家寨村北面北山八郎沟沟口的崖壁上，焦家庄乡陈家寨村位于永昌县城西8千米处，岩画遗存点距离陈家寨村500米，岩画GPS坐标点为北纬38°27′41.3″，东经101°90′0.3″，海拔2110米。从陈家寨村村口向北方行进约500米即到达北山岩画遗存点，北山为一条东西走向的山脉，山上生长着耐旱的蒿类、芨芨草、花柴等植物，时常有野兔、野鸡、麻雀出没。岩画东侧100米处为陈家寨村耕地，种植着大麦、小麦、玉米等；南侧5米处有一人工灌溉水渠，10米处为陈家寨村耕地；西侧1千米处有一片白杨树林。当地村民收入以农业收入为主，村民还兼营畜牧养殖。此处岩画全部分布在北山八郎沟沟口的石崖上，岩画分布比较集中，岩画遗存形式是露天崖壁岩画，琢有岩画图像的岩体为灰褐色砂岩，岩画所在岩石大多被自然风化，岩面龟裂，脱落严重（见图3.8.14）。该处岩画共发现8个画面，计有35个图像，分布面积为28.9平方米，将这8个画面编号为1号画面至8号画面，所有图像均用敲琢法和磨刻法制成，琢点均匀密集，磨痕深浅不一。图像造型可分为密集琢点形成的剪影式造型与琢点形成的线条式造型。该处岩画图像题材主要有牛、羊、狼、鹿、骆驼、马、虎（豹）、人像和狩猎、放牧等场景。此处岩画以动物图像为主，形象颇为生动，对研究河西走廊地区古人的生活生产方式及动物分布具有重要价值。1993年，甘肃省人民政府公布为省级文物保护单位，立有"省级文物保护单位"保护碑一座，有业余文保员1人。

在八郎沟沟口西侧有两幅文字石刻，第一幅文字内容为"民国十七年三月吉日□工王□堂石工"（见图3.8.15）。第二幅文字内容为"三月初九日正午刮黑風一□"（见图3.8.16）。

第三章
甘肃岩画图像内容及分布情况

图 3.8.14　永昌县北山山体全景

图 3.8.15　永昌县北山小口子沟口石刻

图 3.8.16　永昌县北山小口子沟口石刻

1号画面所在岩石岩面尺寸宽 1.08 米，高 2.2 米，岩面朝南，此幅岩画在保护碑正后方，坐落在沟底，清晰可辨认的图像共 6 个。图像题材有全身人像 1 个、虎（豹）2 只、羊 2 只、不明物 1 个。其中，画面上方的 2 只虎（豹）头部朝向画面右侧，下方的 1 个全身人像和 2 只羊头部朝向画面左侧。图像之间没有叠压现象，从刻痕的颜色和手法上看有细微差别，可以初步判定 2 只虎（豹）、全身人像和羊不是同一个人所为。画面中所有图像均用密集凿刻法以线条造型，其中，岩石右上角断裂脱落，对画面图像尚未造成影响（见图 3.8.17）。

图 3.8.17　永昌县北山岩画 1 号画面

　　2 号画面所在岩石岩面朝西南方向，距离沟底 3 米，清晰可辨认的图像共 7 个。图像题材有人像 1 个、虎 1 只、羊 2 只、牦牛 1 只、鹿 2 只。画面中的动物头部全都朝向画面右侧，身体直立，图像之间基本没有叠压现象，只是牦牛和虎有轻微的重叠现象。从刻痕的颜色和手法上看有细微差别，可以初步判定，虎、鹿和牦牛不是同一个人所为，画面中所有图像均用密集敲琢手法造型。此幅岩石距离沟底较高，而且无法攀爬，所以没有人为破坏现象（见图 3.8.18）。

图 3.8.18　永昌县北山岩画 2 号画面

第三章
甘肃岩画图像内容及分布情况

3号画面所在岩石岩面尺寸宽2.5米,高5.2米,岩面朝西南方向,距离沟底2.5米,清晰可辨认的图像共9个。图像题材有猛兽2只、羊2只、牦牛1只、不明物1个。画面中只有一个似兽的动物头部朝向画面左侧以外,其余动物头部全都朝向画面右侧,身体直立,图像之间重叠叠压现象严重。从刻痕的颜色和手法上看有差别,都不是同一个人所为,画面中所有图像均用密集敲琢手法造型(见图3.8.19)。

图3.8.19　永昌县北山岩画3号画面

4号画面所在岩石岩面尺寸宽3.07米,高1.58米,岩面朝东南方向,坐落在山体底部,清晰可辨认的图像共3个。图像题材是3只羊。整个岩石已经断裂成好几块,图像受到影响,从现场情况分析,图像应该早于断裂之前就已经凿刻在了岩石之上,岩石表面风化严重,许多图像已经无法辨识,画面中所有图像均用密集敲琢手法造型(见图3.8.20)。

5号画面所在岩石岩面尺寸宽0.38米,高1.92米,岩面朝东南方向,距离沟底1米,清晰可辨认的图像共2个。图像题材是2只羊。整个岩石已经在中间断裂开,目前,图像未受到影响,画面中2个图像均用密集敲琢手法造型(见图3.8.21)。

图 3.8.20　永昌县北山岩画 4 号画面

图 3.8.21　永昌县北山岩画 5 号画面

6 号画面所在岩石岩面尺寸宽 0.65 米，高 1.06 米，岩面朝西南方向，距离沟底 1.2 米，清晰可辨认的图像只有 1 个。图像题材是 1 个"十"字形圆圈。整个岩石已经断裂开，圆圈中间有 1 个"十"字，图像用敲琢手法造型，凿点粗糙（见图 3.8.22）。

7 号画面所在岩石岩面尺寸宽 0.75 米，高 1.26 米，岩面朝西南方向，距离沟底 1 米，清晰可辨认的图像共 2 个。图像题材是 1 只羊和 1 个"十"字形圆圈。整个岩石已经断裂开，圆圈中间有 1 个"十"字，图像用敲琢手法造型，凿点粗糙（见图3.8.23）。

图3.8.22　永昌县北山岩画6号画面

图3.8.23　永昌县北山岩画7号画面

8号画面所在岩石岩面尺寸宽1.5米，高2.21米，岩面朝西南方向，距离沟底1.5米，清晰可辨认的图像共5个。图像题材是5只羊。整个画面能看清的只有5只羊，由于岩石表面风化严重，其他图像已经无法辨识（见图3.8.24）。

图3.8.24　永昌县北山岩画8号画面

四、杨家大山岩画

杨家大山岩画位于永昌县焦家庄乡陈家寨村北面北山八郎沟西侧杨家大山内，焦家庄乡陈家寨村位于永昌县城西 8 千米处，岩画遗存点距离陈家寨村 500 米，岩画 GPS 坐标点为北纬 38°28′38″，东经 101°88′11″，海拔 2241 米。从陈家寨村村口向北方直行进入杨家大山，杨家大山与北山和青石头沟连在一起，都是东西走向的山脉，山前有一条东西流向的人工灌溉水渠，山脚下为陈家寨居民区及耕地，当地村民收入以农业生产收入为主，畜牧业、渔业收入为辅，种植小麦、大麦等农作物，饲养牛、羊、猪等家畜。此处岩画全部分布在北山八郎沟西侧的杨家大山沟底和山腰之上，岩画分布比较分散，岩画遗存形式是露天崖壁岩画和旷野大石岩画，琢有岩画图像的岩体为砂岩（见图 3.8.25）。该处岩画共发现 37 个画面，共计 121 个图像，将这 37 个画面编号为 1 号画面至 37 号画面，所有图像均用敲琢法和磨刻法制成，琢点均匀密集，磨痕深浅不一。图像造型可分为密集琢点形成的剪影式造型与琢点形成的线条式造型。该处岩画图像题材主要有牦牛、羊、狼、鹿、骆驼、人像，岩画以动物图像为主，人物图像出现较少，这些图像基本都是单体动物，组合场景式画面也较少（见图 3.8.26～图 3.8.28）。在文物工作者进行考察时，就有一群岩羊被惊吓得跑过山梁，可见此处应该是野生动物活动的区域。杨家大山生态环境较好，时常有岩羊、野鸡、野兔、沙虎等动物出没。此处山势非常陡峭，满山怪石林立，有许多大石头都已经松动，所以少有村民攀爬此山，故此处岩画无人为破坏，只受到自然因素影响，所以岩画保存情况较好。

第三章
甘肃岩画图像内容及分布情况

图 3.8.25　永昌县杨家大山全景

图 3.8.26　永昌县杨家大山岩画——牦牛图

图 3.8.27　永昌县杨家大山岩画——骆驼图

图 3.8.28　永昌县杨家大山岩画——动物图

其中，2 号画面所在岩石岩面尺寸宽 1.38 米，高 1.44 米，岩面朝西，坐落在沟底，清晰可辨认的图像共 14 个。图像题材有虎（豹）2 只、羊 8 只、牦牛 1 只、狼 3 只。画面中的动物头部全都朝向画面右侧，身体直立，图像之间基本没有叠压现象。从刻痕的颜色和造型手法上看有差别，可以初步判定 2 只虎（豹）和羊、狼、牦牛不是同一个人所为，画面中所有图像均用密集敲琢法造型（见图3.8.29）。

图3.8.29　永昌县杨家大山2号画面

9号画面所在岩石岩面尺寸宽0.6米，高0.85米，岩面朝西南，距沟底1米，清晰可辨认的图像共8个。图像题材有羊5只、鹿1只、人1个、弓箭1个。画面中的动物头部全都朝向画面右侧，身体直立，人物持弓面朝画面左侧站立，图像之间有叠压现象。从琢痕的颜色和图像的成像手法上看有差别，应该是不同时期不同的凿刻者所为，画面中所有图像均用密集敲琢法造型，有剪影式和线条式两种手法（见图3.8.30）。

图3.8.30　永昌县杨家大山9号画面

24号画面所在岩石岩面尺寸宽0.29米，高0.4米，岩面朝西南，坐落在山巅之上，清晰可辨认的图像共2个。图像题材是1个人、1个不明物。画面中的人物身体做"S"状，人物下部有一不明物体。从琢痕的颜色和图像成像的手法上看，这两个图像应该是同一人所为，画面中所有图像均用密集敲琢法造型，琢点清晰有力（见图3.8.31）。

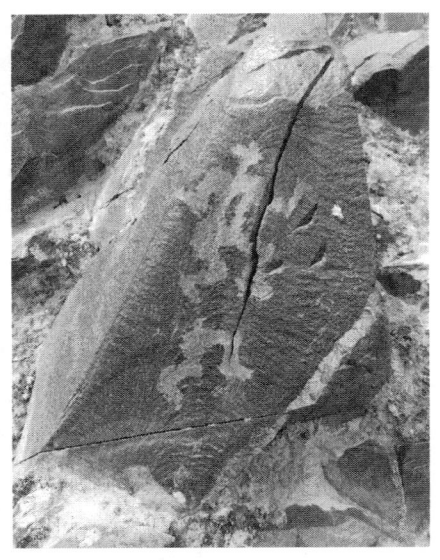

图3.8.31　永昌县杨家大山24号画面

五、青石头沟岩画

青石头岩画位于金昌市永昌县焦家庄乡陈家寨村二社北侧青石头沟内，焦家庄乡陈家寨村位于永昌县城西8千米处，岩画遗存点距离陈家寨村500米，岩画GPS坐标点为北纬38°27′91.3″，东经101°88′83″，海拔2139米。笔者曾两次前往现场考察，从沟口进入，发现开山炸石现象严重，一直未找到记载中的岩画，只发现矗立在山口的"省级文物保护单位"的保护碑一座（见图3.8.32）。永昌县博物馆的"第三次全国文物普查不可移动文物登记表"记载了以下相关信息："青石头沟岩画位于焦家庄乡陈家寨村二社北侧青石头沟内"。2009年6月3日，永昌县三普田野调查小组首次发现，岩画刻画在石质较硬的黑色岩壁上，分布比较分散，面积约40平方米，有10余幅，呈现的多是动物、狩猎、游牧等场景，内容丰富，构图精巧，造型逼真，形象生动，面目各异。凿刻或磨刻的图像斑驳、粗犷、简洁、浑然而多变，是古代西北游牧民族生活的真实写照。

图 3.8.32　永昌县青石头沟岩画保护碑正面照

第九节　武威市岩画

武威市属于甘肃省，古称凉州，地处甘肃中部，河西走廊东部，东南临白银市、兰州市，南依祁连山，西北通金昌市、张掖市，北接内蒙古自治区。全市行政区面积32300平方千米，辖1个区、2个县和1个自治县。其境内地形复杂多样，平均海拔2000米，地势西高东低，南部接祁连山北麓，属中高山区地带，降水量丰富，畜牧业发达；中部为平原地貌，地势平坦，适合发展农业；北部属荒漠区。全市境内主导产业为农业，农作物主要有小麦、玉米、洋芋等。由于南部山大沟深，牧草丰富，少数村民兼营小群畜牧养殖以作为补充收入。

武威市凉州区松树乡莲花山位于谷水源头，距离市区13千米，距凉州区松树乡1千米左右。莲花山岩画就坐落于武威市东南部的凉州区松树乡莲花山山沟内。岩画GPS坐标点为北纬37°89′69.6″，东经102°48′76.6″，海拔1887米（见图3.9.1）。莲花山岩画数量不多，一直未报道，从凉州区松树乡向西南方向行进约1千米则到达莲花寺，岩画遗存点距离莲花寺南220米左右，莲花山山沟内有一条曾经东西流向的已干枯的沙河，岩画由西向东依次分布在干枯的沙河河床上（见图3.9.2）。该处岩画共发现两个画面，岩画遗存形式为旷野大石岩画，根据从西向东的顺序，将两个画面编号为1号画面、2号画面，两幅岩画面积总共有11.21平方米。从琢痕上看，采用了琢刻法与磨刻法结合的手法。此处琢有岩画图像的岩体为花岗岩，花岗岩密度大、硬度高、表面粗糙，琢刻成的图像多为粗糙不清，这种岩体极其不适合琢刻岩画，所以在这两块大石上的图像几乎都已经模糊不清，目前只有3个能够辨识的图像，即羊2只、太阳1个。莲花山上的石崖岩体为砂岩，但是此处砂岩硬度极高，根本无法在崖壁上刻画任何图像，这也是为什么此处没有崖壁岩画，岩画图像都刻在山沟里裸露的花岗岩大石之上的原因。虽然莲花山岩画没有经典的图像，图像保存不好，质量也不高，但是从地理位置上看，起到了连接河西走廊岩画东部和西部的作用。

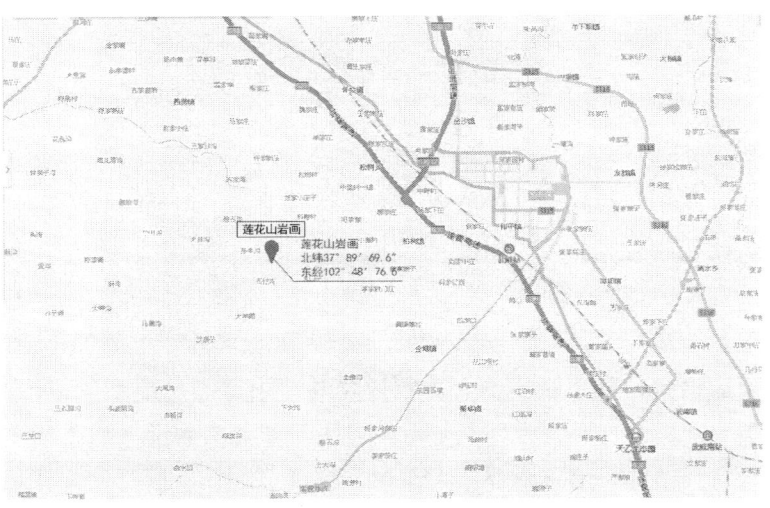

图3.9.1　武威市岩画地点分布位置图

第三章
甘肃岩画图像内容及分布情况

图 3.9.2　武威市莲花山全景

1 号画面所在岩石岩面尺寸宽 3.95 米，高 2.56 米，坐落在沙河的河床上，岩面朝西北。能辨识的图像有 3 个，即羊 2 只、太阳 1 个（见图 3.9.3），其余的图像都模糊不清，无法辨识，但是从琢痕的数量上看，古人还是有在此地刻画岩画的习惯。

图 3.9.3　武威市莲花山 1 号画面

2号画面所在岩石岩面尺寸宽1.67米，高0.66米，坐落在沙河的河床上，岩面朝西南，距离1号岩画1米远。所有图像都模糊不清，无法辨识，但是可以看出石头上面有人为敲琢的痕迹（见图3.9.4）。

图3.9.4　武威市莲花山2号画面

第十节　古浪县岩画

古浪县属于甘肃省武威市，地处甘肃中部，河西走廊东部，位于武威市东部，东临景泰县，南依天祝藏族自治县，西北连凉州区，东北接内蒙古自治区的阿拉善左旗。古浪县境内地势南高北低，南部接祁连山北麓，属中高山区地带，畜牧业发达；中部为低山丘陵沟壑平原地貌，适合发展农业；北部属荒漠区。全县地形复杂多样，平均海拔2200米。全县境内主导产业为农业，农作物主要有小麦、玉米、洋芋等。由于南部山大沟深，牧草丰富，少数村民兼营小群畜牧养殖以作为补充收入。

历史上古浪县一带就曾是丝绸之路北线必经之地，当地的大靖镇是当时丝绸之路上重要的商贸古镇和商品聚集地。自古民间就有"要想挣银子，走

第三章
甘肃岩画图像内容及分布情况

趟大靖土门子"的说法,由此可见,古浪县在丝绸之路上的重要作用。目前,在古浪县境内共发现5处岩画:大靖镇花庄村昭子山大沟岩画、裴家营镇塘坊村郎家沟岩画、裴家营镇塘坊村大沟岩画、新堡子乡臭牛沟岩画、新堡子乡楼梯子沟岩画(见图3.10.1、图3.10.2)。

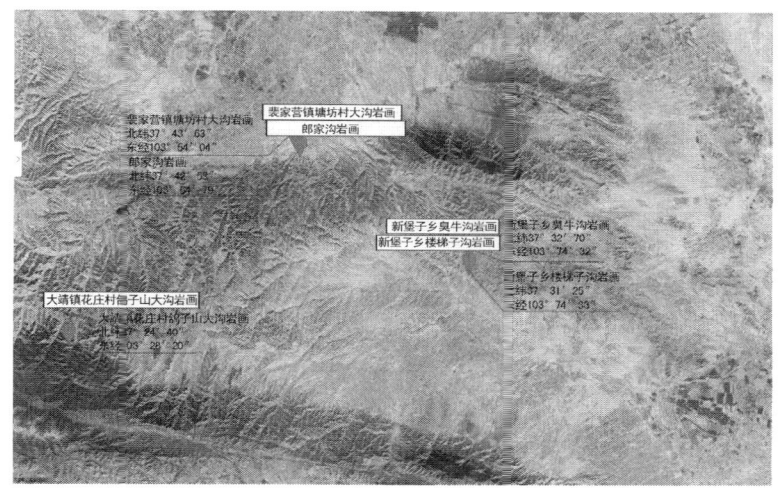

图3.10.1 古浪县岩画地点分布地形图

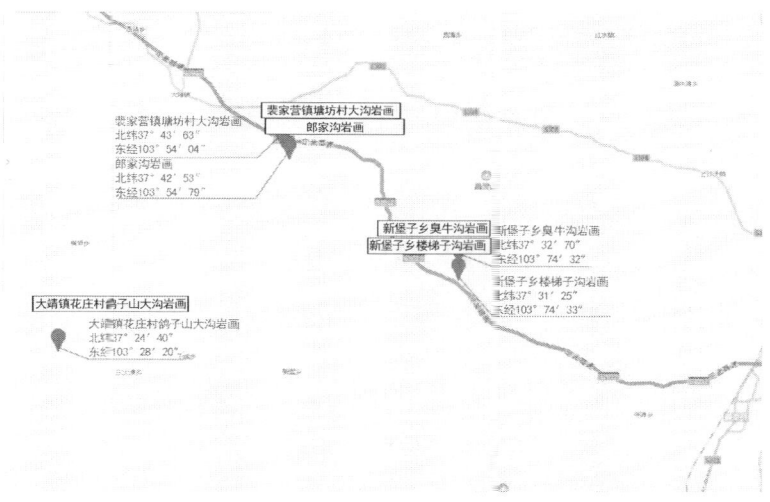

图3.10.2 古浪县岩画地点分布位置图

一、昭子山大沟岩画

大靖镇位于古浪县城以东 80 千米处，南依祁连山，北临腾格里沙漠，全镇境内地势南高北低。昭子山大沟岩画位于大靖镇东南部的花庄村昭子山大沟沟内，距大靖镇 12 千米（见图 3.10.3）。岩画 GPS 坐标点为北纬 37°24′40″，东经 103°28′20″，海拔 2034 米。2017 年 5 月，古浪三中美术老师赵佰昌在此地写生时，从当地牧民口中得知在古浪县大靖镇花庄附近昭子山的石头上有许多图画。同年 6 月，古浪县文广局及武威市考古所工作人员对大靖镇昭子山岩画进行了查看。从花庄村村口向东南方向行进约 2 千米到达岩画遗存点，沟内有一条曾经从南向北流的已干枯的沙河，岩画由南向北依次分布在距沙河河床 4~15 米的石崖上。该处岩画共有 10 个画面，合计有 56 个图像，面积约有 15 平方米，根据山势由南向北的走向，顺序将这 10 个画面编号为 1 号画面至 10 号画面。图像均用敲琢法制成，琢点均匀密集。琢有岩画图像的岩体为砂岩。该处岩画图像题材主要有羊、狼、鹿、人面像。此处人面像风格比较有特点，也是甘肃岩画人面像最多的一个岩画点之一。其中，4 个画面中都有人面像出现，总计 15 个人面像（见图 3.10.4~图 3.10.7）。

图 3.10.3　古浪县大靖镇花庄村昭子山大沟沟口全景

第三章
甘肃岩画图像内容及分布情况

图 3.10.4　古浪县昭子山大沟岩画——2 号画面人面像

图 3.10.5　古浪县昭子山大沟岩画——3 号画面人面像

图 3.10.6　古浪县昭子山大沟岩画——4 号画面人面像

图 3.10.7　古浪县昭子山大沟岩画——10 号画面

二、郎家沟岩画

裴家营镇坐落在昌灵山下，西接大靖镇，东连新井乡，南依新堡子乡，北邻大墩乡。全镇南高北低，南部高山丘陵，北部平原沟壑。郎家沟岩画位于裴家营镇塘坊村以南的郎家沟内，距塘坊村直线距离 3 千米（见图 3.10.8）。岩画 GPS 坐标点为北纬 37°42′53″，东经 103°54′79″，海拔 1921 米。2017 年 6 月，该岩画由古浪县大靖中学张福友老师发现并报告县文广局。郎家沟是一条南北走向的沙沟，岩画从北到南依次分布在沙沟两边的石崖上。这是迄今为止古浪县境内发现的第二处岩画，该处岩画共发现 25 个画面，能够清晰辨识的图像计有 105 个，这些图像全部分布在距沙河河床 1~15 米两边的崖面上，面积约 32 平方米，根据山势由北向南的走向，顺序将这 25 个画面编号为 1 号画面至 25 号画面。图像均用敲琢法制成，琢点均匀密集，琢有岩画图像的岩体为砂岩，岩石表面风化严重，图像受到不同程度的影响。岩画图像题材有羊、马、鹿、犬、狼、骆驼、全身人像以及抽象符号。从统计的数据上可以看出，该处全身人像岩画数量较多，表现了射箭、骑马、狩猎、习武等场景，全身人像共计 26 个。其中，人面像具有一定的程式化，从造型手法上看更具有图腾意义。

图 3.10.8　古浪县裴家营镇塘坊村郎家沟沟口全景

6 号画面所在岩石岩面尺寸宽 0.92 米，高 0.5 米，距地面约 1.6 米，岩面朝西。岩画内容为全身人像 3 个。岩画用密集敲琢而成的剪影式图像表现人像，琢痕颜色与岩面颜色基本一致。画面从上到下、由左至右敲琢了三个全身人像（见图 3.10.9），其中，左边两人的体态一致，身体直立，双手下垂，双脚分开；右边一人身体直立，双手做叉腰状，双脚分开，人物头部附近有一类似半圆形凿痕，从凿痕风化程度及凿点形态分析，它与右边的人属于同时期作品。岩面图像保存较完整。

20 号画面所在岩石岩面尺寸宽 0.92 米，高 0.63 米，距地面约 7 米，岩面朝东南，位于沙河上游方向。岩画内容以动物为主，共有图像 15 个：人像 10 个、羊 4 只、马 1 只。岩画用密集敲琢而成的剪影式图像表现动物。画面由左至右分别表现了狩猎、习武场景（见图 3.10.10），左起一人右手持戈式狩猎工具（戈是先民最常用的武器或狩猎工具之一，戈最早源自在木棍上安装可以刺、钩、砍的硬质锐器），左手叉腰呈站立状。画面中间上方三人习武，其中两人双手相连呈对峙状态，一人蹲坐其间；画面中间下方一人牵马，马背上还有马鞍；画面右边上方有三人并排站立，其中一人身材较

图 3.10.9　古浪县郎家沟 6 号画面——全身人像

高大，双手上扬，双腿弯曲，其余两人较矮，双手叉腰，双腿弯曲；画面右边下方有一大一小两人并排站立。

图 3.10.10　古浪县郎家沟 20 号画面——狩猎、习武图

　　郎家沟岩画里出现较多的狩猎图和动物图，这说明此地当时应该是一个天然猎场（见图 3.10.11、图 3.10.12）。此外还出现一幅女阴图，这种题材的画面在甘肃岩画中为数不多（见图 3.10.13）。

第三章
甘肃岩画图像内容及分布情况

图 3.10.11　古浪县郎家沟 3 号画面——动物

图 3.10.12　古浪县郎家沟 11 号画面——狩猎图

图 3.10.13　古浪县郎家沟 21 号画面——女阴图

三、塘坊村大沟岩画

塘坊村大沟岩画位于裴家营镇塘坊村以南的大沟内,距塘坊村直线距离2千米。岩画GPS坐标点为北纬37°43′63″,东经103°54′04″,海拔1876米,距塘坊村郎家沟岩画1.5千米(见图3.10.14)。塘坊村大沟是一条南北走向的沙沟,岩画从北到南依次分布在沙沟两边的石崖上。这是迄今为止古浪县境内发现的第三处岩画,该处岩画共发现23个画面,能够清晰辨识的图像计有67个。根据从北向南的顺序,将23个画面编号为1号画面至23号画面。图像均用敲琢法制成,琢点均匀密集。琢有岩画图像的岩体为砂岩,岩石表面风化严重。另外,由于开山炸石现象严重,对岩画图像影响较大,其中大小两块石门已被炸毁,其上岩画图像全部损坏。此处岩画图像题材主要以动物为主,有羊、马、牛、骆驼、人像以及人类的狩猎工具。从图像内容上可以看出,动物数量占绝大多数,而且基本刻画的都是食草性动物,人类在画面中是以猎人身份出现的,或手持狩猎工具,或骑马追赶猎物。狩猎工具出现了戈式狩猎工具和黄羊夹子及疑似陷阱,尤其黄羊夹子多次出现。从数据上看,这里岩画中用这种工具辅助人类狩猎的图像明显多于甘肃省内其他地方的岩画。从岩画凿刻的地理位置看,此地岩画多在山沟豁口处、山包转角处,或在巨石之后,这些位置都与猎物的行进路线有关,是猎人便于隐藏的位置。这些岩画明显带有指示记录作用,当时古人记录在此地猎获的猎物,指示出清晰的猎获地点,以便下次能够猎获更多的猎物。由此可见,此处当时应该是古人狩猎捕获猎物的天然猎场。

其中,3号画面所在岩石岩面尺寸宽1.68米,高1.52米,距地面约1米,岩面朝南。岩画内容是3个人像。岩画用密集敲琢而成的剪影式图像表现人像,琢痕颜色与岩面颜色基本一致。画面左上部敲琢了1只北山羊、1只岩羊、1个黄羊夹子与1个戈式狩猎工具、两个疑似陷阱的圆圈(见图3.10.15、图3.10.16),整个岩面破碎,图像保存受损。

图 3.10.14　古浪县裴家营镇塘坊村大沟全景

图 3.10.15　古浪县塘坊村大沟岩画 3 号画面

图 3.10.16　古浪县塘坊村大沟岩画 3 号画面局部

其余画面上多是一些单体图像,以动物图像为主(见图 3.10.17、图 3.10.18)。

图 3.10.17　古浪县塘坊村大沟岩画 11 号画面

第三章
甘肃岩画图像内容及分布情况

图 3.10.18　古浪县塘坊村大沟岩画 19 号画面

四、新堡子乡臭牛沟岩画

古浪县新堡子乡位于古浪县城东南部，东邻景泰县，南接天祝县，西靠干城乡，北连裴家营镇。臭牛沟岩画位于古浪县新堡子乡臭牛沟内，距新堡子乡直线距离 3 千米。到目前为止，此处岩画还没有上报以及公布。岩画 GPS 坐标点为北纬 37°32′70″，东经 103°74′32″，海拔 2159 米（见图 3.10.19）。臭牛沟是一条南北走向的沙沟，岩画从北到南依次分布在沙沟两边的石崖上。这是迄今为止古浪县境内发现的第四处岩画，该处岩画共发现 54 个画面，能够清晰辨识的图像计有 152 个，根据从北向南的顺序，将 54 个画面编号为 1 号画面至 54 号画面。图像均用敲琢法制成，琢点均匀密集。琢刻有岩画图像的岩体与大靖镇花庄村昭子山和裴家营镇岩画的石质一样，同为沙岩。由于受到日晒雨淋等自然因素的影响，岩石表面风化严重，另外，由于沟内还有一正在运营的采石场，开山炸石对岩画影响较大，不少画面已经开裂严重。此处岩画图像题材主要以动物为主，有羊、马、狼、牦牛、骆驼、人像。从图像内容上可以看出，动物数量占绝大多数，刻画的基本都是食草性动物；人像共 25 个，其中 6 个人像以站立姿态出现，其余 19

人均以骑马形象出现在画面中。在人像前方均刻画了几只羊或者鹿,所以从图像可以看出,这些图像表现的是人类骑马追赶猎物的场景。从岩画琢刻的地理位置看,此地岩画几乎都坐落在沟底,都琢刻在人类易于作画的高度,没有太高的位置,岩画分布在整个沙沟两侧。

其中,25 号画面所在岩石岩面尺寸宽 1.80 米,高 1.42 米,坐落在沟底,岩面朝南。画面内容有骑马者 8 个、羊 8 只、鹿 1 只。这 8 个骑马者在图像处理手法上几乎一致,并且都用密集敲琢而成的剪影式图像表现,琢痕颜色与岩面颜色基本一致,岩面出现了裂纹,但是图像并未受损(见图 3.10.20)。

图 3.10.19　古浪县新堡子乡臭牛沟沟口全景

图 3.10.20　古浪县新堡子乡臭牛沟 25 号画面

第三章 甘肃岩画图像内容及分布情况

其余画面与塘坊村大沟岩画内容相似,多是一些单体图像,以动物图像为主(见图 3.10.21 ~ 图 3.10.24)。

图 3.10.21　古浪县新堡子乡臭牛沟 4 号画面

图 3.10.22　古浪县新堡子乡臭牛沟 10 号画面

图 3.10.23　古浪县新堡子乡臭牛沟 12 号画面

图 3.10.24　古浪县新堡子乡臭牛沟 27 号画面

第三章
甘肃岩画图像内容及分布情况

五、新堡子乡楼梯子沟岩画

楼梯子沟岩画位于古浪县新堡子乡楼梯子沟内，距新堡子乡直线距离3千米。到目前为止，此处岩画也没有上报以及公布。岩画GPS坐标点为北纬37°31′25″，东经103°74′33″，海拔2070米。楼梯子沟是一条南北走向的沙沟，岩画从北到南依次分布在沙沟两边的石崖上。这是迄今为止古浪县境内发现的第五处岩画，该处岩画共发现28个画面，能够清晰辨识的图像计有155个，图像均用敲琢法制成，琢点均匀密集，琢刻有岩画图像的岩体为砂岩。由于受到日晒雨淋等自然因素的影响，岩石表面风化严重，由于人迹罕见，目前无人为破坏痕迹。此处岩画图像题材主要以动物为主，有羊、鹿、马、狼、人、植物及西夏文。从图像内容可以看出，动物数量占绝大多数，刻画的基本都是食草性动物，人像共6个，除了两人骑马外，画面中的其余4人均以孤立形式出现，几乎不与岩画中其他图像产生关联，由此可见，人类在此处岩画中处于次要位置（见图3.10.25）。

图3.10.25　古浪县新堡子乡楼梯子沟沟口全景

其中，4 号画面所在岩石岩面尺寸宽 1.44 米，高 1.68 米，距沟底 1.5 米，岩面朝西北。岩画内容有 3 个西夏文，意为汉语的"佛"字，左边第一个"佛"字的尺寸为 29 厘米×38 厘米；右上"佛"字的尺寸为 30 厘米×30 厘米；右下"佛"字的尺寸为 15 厘米×16 厘米。左下方岩石已经脱落，文字完整性受到影响（见图 3.10.26）。在岩画中出现西夏文可有力地证明这里曾经出现过西夏文明。

图 3.10.26　古浪县新堡子乡楼梯子沟 4 号画面

8 号画面所在岩石岩面尺寸宽 2.18 米，高 2.17 米，距沟底 4 米，岩面朝东南。画面内容有羊 10 只、鹿 6 只、狼 1 只。所有图像均用密集敲琢而成的剪影式图像表现，琢痕颜色与岩面颜色基本一致，其中两只鹿造型精美，鹿角敲琢得极其精彩。其中一只鹿尺寸为 45 厘米×38.5 厘米，另一只稍小，尺寸为 29 厘米×23 厘米（见图 3.10.27）。

9 号画面所在岩石岩面尺寸宽 1.25 米，高 2.14 米，距沟底 3 米，岩面朝东南。画面中琢刻了两只狼，其中上方的狼尺寸为 32.5 厘米×15 厘米、下方的狼尺寸为 37.5 厘米×16 厘米（见图 3.10.28）。

图 3.10.27　古浪县新堡子乡楼梯子沟 8 号画面局部

图 3.10.28　古浪县新堡子乡楼梯子沟 9 号画面局部

　　3 号画面所在岩石岩面尺寸宽 1.34 米，高 2.36 米，距沟底 3 米，岩面朝东南。岩画内容是 4 棵植物。图像用简洁写实的手法敲琢而成，从琢痕与敲琢手法上看，4 棵植物不是同一时期的。这是甘肃岩画里为数不多的表现植物的岩画，这是第三处。(见图 3.10.29)。其他两处表现植物的岩画分别是肃北大黑沟岩画（见图3.10.30）和嘉峪关石关峡岩画（见图3.10.31），古人对植物的刻画表现出对自然的崇拜。

图3.10.29　古浪县新堡子乡楼梯子沟23号画面

图3.10.30　肃北蒙古族自治县大黑沟岩画

第三章
甘肃岩画图像内容及分布情况

图 3.10.31　嘉峪关石关峡口岩画

　　古浪岩画主要属于露天崖壁岩画和个别的旷野大石岩画，主要是在旷野露天的山体崖壁上琢刻而成的岩画。古浪岩画都分布在地形比较开阔的山谷两侧，附近地势比较平坦，虽然现在山谷里的沙河都已经干枯，但是从沙河的宽度来看，这里当时有着丰富的水源条件。所以，自古以来古浪县的这几个岩画点应该都是古代先民活动频繁的地区。古浪县五处岩画的内容虽有诸多相似点，但也各自有一些特点。从岩画的数量和图像题材上分析，裴家营镇塘坊村郎家沟附近应该有古人的军事演练场所，因为在岩画中不仅有动物和狩猎等题材，而且出现了习武演练的内容，这在甘肃岩画中出现得并不多。另外，在大靖镇花庄村昭子山大沟岩画中出现了类似图腾的人面像，这些人面像在画面中明显处于主体位置，位于画面正中，并且面积较大。在这两处岩画中人类以主角身份出现，这明显区别于其他三处岩画。裴家营镇塘坊村大沟岩画、新堡子乡臭牛沟岩画、新堡子乡楼梯子沟岩画是以动物为主，而且琢刻的基本都是食草性动物，人类在画面中是以猎人身份出现的。另外，从岩画琢刻的地理位置看，岩画的位置都与食草性动物的行进路线有关。由此可见，这三处岩画点应该是古人狩猎捕获猎物的天然猎场。古浪县东北接岩画遗存较为丰富的内蒙古自治区的阿拉善左旗，东临景泰县，西北连武威地区，从地理环境和岩画内容、图像特征上看，古浪岩画属于"北方系统岩画"，更准确的时代判定还需要下一步深入分析和研究。

第十一节　景泰县岩画

　　黄河发源于青海省，自西向东流，在甘肃省境内流经甘南藏族自治州、临夏回族自治州、兰州市、白银市。甘肃黄河沿线岩画主要分布在白银市境内，白银市属于甘肃省管辖下的一个地级市，下设白银、平川两区和景泰、靖远、会宁三县，位于黄河上游甘肃中部，黄河流经全市258千米，流域面积达14710平方千米，海拔在1276～3321米。在甘肃省境内，黄河流经的两岸分布着大大小小、形态各异的岩画。目前，白银市境内在景泰县、靖远县和平川区共发现岩画点21处，其中，景泰县共发现岩画点10处；靖远县共发现岩画点7处；平川区共发现岩画点4处。从地理角度看，白银市岩画属于黄河流域岩画；从图像风格上看，白银市岩画系北方岩画，具有北方岩画朴实稚拙的特征；从内容上看，白银市岩画图像题材丰富，时间跨度很大，既有早期的狩猎图又有后期的农耕图（见图3.11.1）。

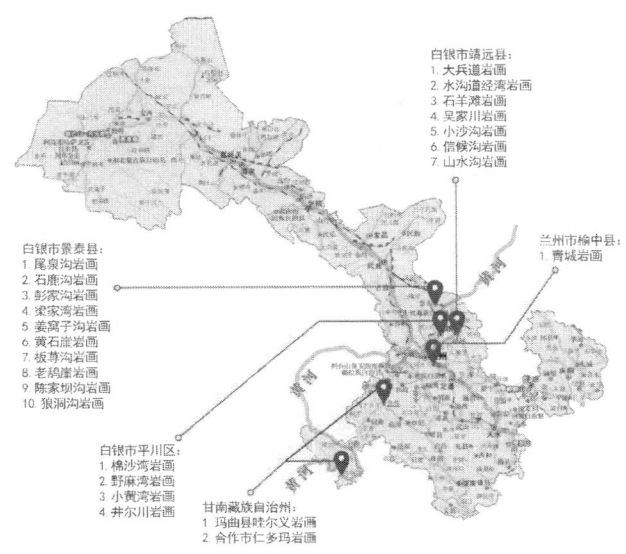

图3.11.1　甘肃省黄河流域岩画分布图

第三章
甘肃岩画图像内容及分布情况

景泰位于甘肃的中部，祁连山脉的东段北缘，东临黄河，西接武威，南邻白银、兰州，北依宁夏、内蒙古，地处黄土高原与腾格里沙漠的过渡地带，为河西走廊的东端门户，是历代守御河东的前哨阵地和边陲要塞。境内地形比较复杂，地势呈西南高东北低，最高海拔3321米。这里有独特的地理位置，丰富多样的自然环境，悠久的历史文化及境内发现的属于新石器时代马家窑半山类型的张家台、喜集水、索桥王庄、杨家台等文化遗迹，证明了早在5000年前就有先民在此处繁衍生息。从索桥、沿寺古渡口开始，由东向西，经芦阳、条山、寺滩到古浪新堡，都是丝绸之路的重要通道；北大路自北向南，与丝绸之路交错，是内蒙古、宁夏、金城、青海相互往来的交通要道。在古代，汉、羌、戎、吐蕃、鞑靼、党项等民族，都在这里生活过较长时间，创造了丰富灿烂的历史文明。他们中间的能工巧匠，在游猎放牧所到之处、祭祀祈祷聚会之地，高达山巅，低及河畔，在一些陡崖峭壁或较平整的石块上面，以硬器密集点琢、磨刻的手法，琢刻了许多深浅大小不等、颇为生动的岩画。这些粗拙简朴的画面，记录了从远古到近古不同时代的社会生活，反映了不同时代人们的生产方式，留下了极为珍贵的形象史料，是今人研究古人的生活和信仰，研究当地的地理气候变迁的宝贵资料。

从岩画的地理分布情况看，有两条岩画路线：一路从尾泉村向西南过中泉乡岩画向西，直通正路乡彭家峡岩画；另一路从芦阳镇黄崖沟岩画向西北到上沙窝镇三眼井泉子沟老鸹崖岩画，穿过寺滩乡石鹿沟岩画，直通红水镇梁家湾岩画，再向北至红水镇姜窝子沟岩画，最后进入古浪县境内（见图3.1-2）。迄今，景泰县境内共发现岩画点10处：中泉乡陈家坝沟岩画、中泉乡尾泉沟岩画、中泉乡板荨沟岩画、正路乡彭家峡岩画、芦阳镇黄崖沟岩画、上沙窝镇三眼井泉子沟老鸹崖岩画、寺滩乡石鹿沟岩画、红水镇梁家湾岩画、红水镇狼洞沟岩画、红水镇姜窝子沟岩画。这10处岩画总面积达100多平方米，可识别的单体图像527个，从岩画数量上看，是甘肃省黄河流域岩画中非常重要的一个分支。

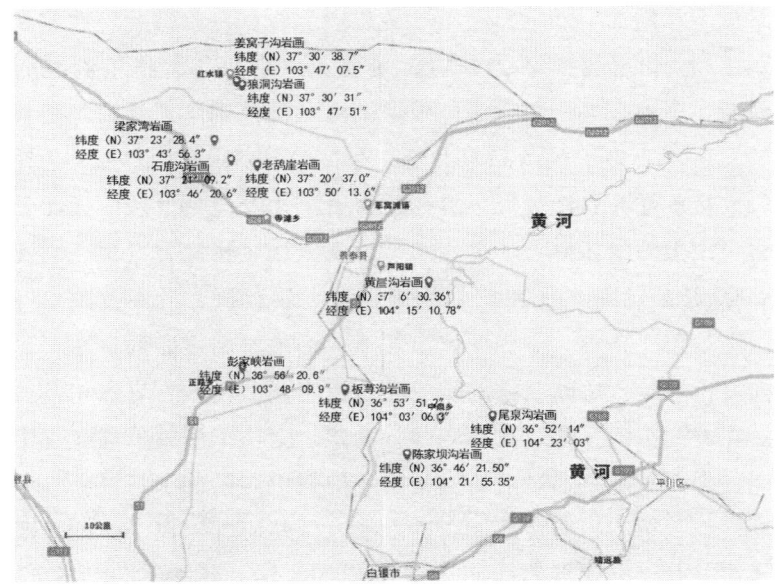

图 3.11.2　景泰县岩画地点分布位置图

一、中泉乡岩画

陈家坝沟岩画、尾泉沟岩画、板荨沟岩画都位于甘肃省景泰县中泉乡,其中,陈家坝沟岩画位于三合村南陈家坝沟深处。2018 年 4 月初当地牧民王正德发现并报告县文物部门,随后景泰县文物部门派专人去现场考察。尾泉沟岩画位于尾泉村尾泉沟口的石崖上,2017 年 7 月,由当地牧民发现并报告县文物部门。板荨沟岩画位于野狐水村南 5 千米处的板荨沟内,2006 年由当地牧民发现并报告县文物部门。

景泰县中泉乡位于县境东南部,东临黄河,南与白银市(白银区)接壤,西抵正路乡,其北为米家山。中泉乡境内地势西高东低,属低山丘陵地带,多高山深谷,地形复杂多样,全乡平均海拔 1600 米,气候干旱少雨。始于正路乡的中泉沟由西向东纵穿全乡,经尾泉村后向东北方向汇入黄河。全乡现居民点(村庄)基本分布在中泉沟南北两侧的谷地、缓坡上,中泉沟北坡有多处泉水涌出，沿沟分别有脑泉、中泉、尾泉三大自然村落。由于泉水不多，水地面积也不大，主要以旱地、砂地为主，生产条件较差，早期农耕主要以广种薄收的旱田为主。全乡境内主导产业为农业，农作物主要有春小麦、玉米、洋芋、豆类。中泉乡西部、北部都是山区，山大沟深，牧草丰富，村民兼营小群畜牧养殖来补充经济收入。

历史上中泉乡一带曾是丝绸之路北线过鹯阴口后西去的重要路段。"一道从芦列逊西渡，经景泰脑泉、营盘沟进入寺滩西行，翻越嵩沟岘，进入古浪西行[①]"。三处岩画地点中的尾泉沟岩画发现于中泉沟近黄河汇口的沟谷西岸泥岩断面上，陈家坝沟岩画、板荨沟岩画分别发现于中泉沟南侧支流陈家坝沟沟内东侧的大石之上和板荨沟沟内北侧的大石之上。陈家坝沟岩画与板荨沟岩画的直线距离为 31.21 千米，与尾泉沟岩画的直线距离为 10.90 千米，板荨沟岩画与尾泉沟岩画的直线距离为 31.25 千米（见图 3.11.3、3.11.4）。

图 3.11.3　中泉乡岩画地点分布地形图

[①] 刘再聪. 试论景泰境内黄河渡口的两个繁荣期 [A]. 颜廷亮. 景泰与丝绸之路历史文化 [C]. 甘肃：甘肃人民出版社，2008.

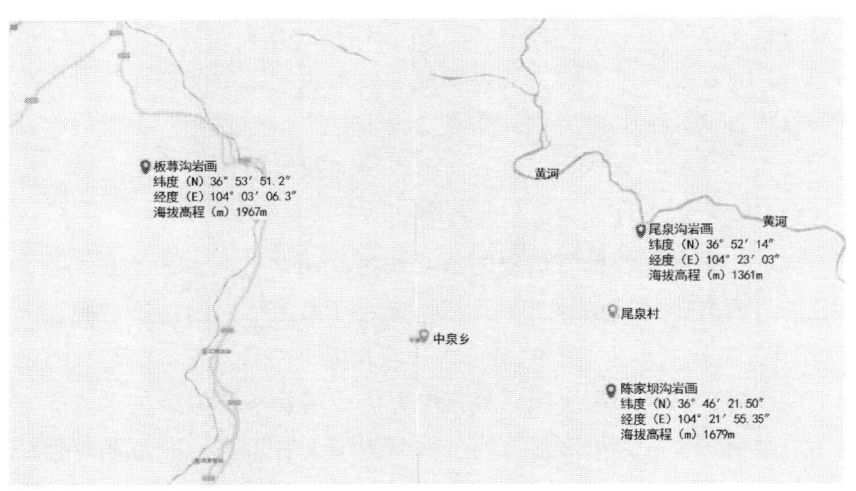

图 3.11.4　中泉乡岩画地点分布位置图

（一）陈家坝沟岩画

陈家坝沟岩画位于中泉乡三合村以南的陈家坝沟，距三合村直线距离 5 千米。GPS 坐标点为北纬 36°46′21.50″，东经 104°21′55.35″，海拔 1679 米。从陈家坝沟沟口牧民王正德家羊圈向南行进约 3 千米即到达岩画点。沟内有一条曾经从南向北流的已干枯的沙河，岩画坐落在距沙河河床 1~2 米的石崖上。这是迄今为止景泰县境内发现的第九处岩画，该处岩画共发现 3 个画面，共计有 35 个图像。根据从北向南的顺序，将 3 个画面编号为 1 号画面、2 号画面、3 号画面。图像均用敲琢法制成，琢点均匀密集。琢有岩画图像的岩体为砂岩，1 号、2 号画面的岩石表面因氧化而略微偏红，3 号画面的岩面略微偏黑。1 号画面距 2 号画面约 70 米，2 号画面与 3 号画面相距约 20 米。

1 号画面所在岩石岩面尺寸宽 1.9 米，高 1.8 米，距地面高约 1 米，岩面朝东南。仅一个图像，为北山羊（西伯利亚北山羊，即"Capra sibirica"），亦称悬羊、野山羊、亚洲野山羊。图像尺寸为 12 厘米×9 厘米，敲琢法形成剪影式图像。北山羊头朝画面右侧，两角较大，胡须清晰可见，图像完整（见图 3.11.5）。

图 3.11.5 景泰县陈家坝沟 1 号画面

2 号画面所在岩石北距 1 号画面约 70 米，位于沙河上游方向。岩面尺寸宽 1.9 米，高 1.6 米，距地面约 1 米，岩面朝东。岩画内容以动物为题材的共有图像 7 个：北山羊 4 只、豹（虎）3 只。岩画用密集敲琢而成的剪影式图像表现动物，琢痕颜色与岩面颜色基本一致。画面从上到下、由左至右可分为三部分（见图 3.11.6），上部为两只北山羊，身后有一只豹或虎尾随（见图 3.11.7）。下部左侧为一只北山羊，其身后有一只豹或虎尾随（见图 3.11.8）。下部右侧同样是一只北山羊及其后的一只豹或虎尾随（见图 3.11.9）。2 号画面的 7 个动物皆朝向一致（向画面左侧），虽无追杀撕咬，但表现了野生动物之间的追逐关系。岩面上部图像部分被石碱覆盖，下部图像保存完好。

图 3.11.6 景泰县陈家坝沟岩画 2 号画面

图 3.11.7　景泰县陈家坝沟岩画 2 号画面上部

图 3.11.8　景泰县陈家坝沟岩画 2 号画面左下部分

图 3.11.9　景泰县陈家坝沟岩画 2 号画面右下部分

　　3 号画面所在岩石岩画北距 2 号画面约 20 米，位于沙河上游方向。岩面尺寸宽 1.9 米，高 1.7 米，距地面约 0.5 米，岩面朝东。画面内容比较丰富，

第三章 甘肃岩画图像内容及分布情况

主要表现了狩猎场景，共有单体图像 27 个，包括人物 3 个、狼 7 匹、狗 1 只、羊 5 只、鹿 5 头、牦牛 1 头、不明物体 5 个。按从上到下、由右至左的顺序可以将画面分为四部分（见图 3.11.10）。

图 3.11.10　景泰县陈家坝沟 3 号画面

第一部分位于岩面最右侧，是面积最大的画面。其中，最大的雄鹿图像尺寸为 73 厘米 × 31 厘米，鹿角较小；其下方为一只昂首直立的小鹿和一个封闭圆圈符号；小鹿前方为一只犬与一只羊相对而立。圆圈下方是一只鹿装饰处有涡旋纹（亦称横 S 形纹），其身后为一只奔跑的小鹿；另外还有剪影式造型表现的 4 只岩羊（Pseudois nayaur），其余动物则以敲琢的线条法表现。除两只羊以外的所有动物皆朝向画面左侧（见图 3.11.11）。

图 3.11.11　景泰县陈家坝沟岩画 3 号画面右上部分

岩面左边上部为狩猎场景，猎人身着束腰袍衣，手持弓箭。其前方为一只猎犬正奔向受伤蜷缩在地的一只羊。3个图像均用敲凿法的轮廓线条表现（见图3.11.12）。

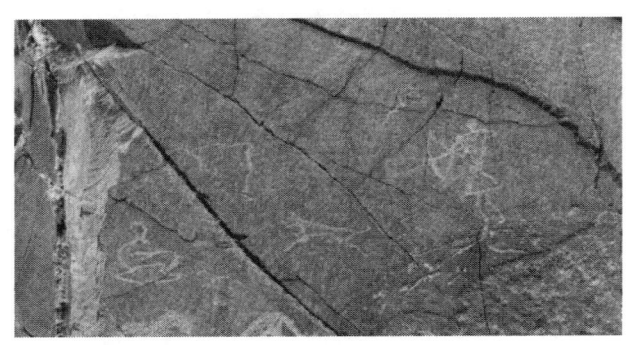

图3.11.12　景泰县陈家坝沟岩画3号画面左上部分

岩面左侧中部表现的是"四犬猎羊"的场景，两只猎犬正扑咬一只羊，另两只猎犬正撕扯羊的腿部，不远处还有一只飞奔而来的猎犬。该图像组合尺寸为23厘米×23厘米，采用密集敲凿法的剪影式和线条式两种表现方法。大角羊右边有一不明物，琢痕颜色与岩面颜色基本一致，可能刻画时间早于其他图像（见图3.11.13）。

图3.11.13　景泰县陈家坝沟岩画3号画面左中部分

第三章
甘肃岩画图像内容及分布情况

画面左侧下部是交媾图（见图3.11.14），画面尺寸14厘米×10厘米。在一硕大牦牛的下方，一对男女呈男上女下的交欢体式。二人的左右手伸展在头部以上相对而握。其上方牦牛图像尺寸为22厘米×13厘米。该画面图像采用密集敲琢的剪影式造型。牦牛上方还有一动物，其技法和琢痕颜色与其下部的牦牛和交欢男女有所区别，可能有制作时间上的相对早晚关系。岩面上方还有本地现代牧民王正德所刻"人人爱保"四字。

图 3.11.14　景泰县陈家坝沟岩画 3 号画面左下部分

（二）尾泉沟岩画

尾泉沟岩画位于中泉乡尾泉村尾泉沟沟口的石崖上，在尾泉村西北面，距尾泉村 5 千米处。岩画位于距沙河河床八九米的石崖上，图像布局比较集中，GPS 坐标点为北纬 36°52′14″，东经 104°23′03″，海拔 1361 米。岩画遗存点东临黄河，西面是成片的枣园，南面有一条名叫尾泉的小河，河水自西向东流入黄河。尾泉沟岩画共有两个画面，从西向东编为 1 号画面、2 号画面，两幅岩画的面积大致有 18.6 平方米，两个画面相距 2.2 米。图像题材内容丰富且复杂，有人面像、虎、羊、有翼蛇状物、漩涡纹等，以抽象符号为主。两幅画面中的图像均以琢刻、磨刻手法制成，阴线宽约 1 厘米。岩面朝向东南，岩体为泥岩（见图 13.11.15）。

图 3.11.15　景泰县尾泉沟岩画及画面分布

1 号画面所在岩石岩面尺寸宽 2 米，高 7.8 米，距地面高约 2 米。图像制作方法有琢刻和磨刻两种，图像之间多有叠压打破现象，显示图像是不同时间（或不同作者）多次刻画而成。岩画种类比较丰富，有人面像、全身人像、大角羊、有翼蛇状物、狼和同心圆等符号。岩画岩体为泥岩，琢痕或刻痕颜色与岩面颜色基本一致。多数图像采用以线造型的方法，少数动物采用剪影式造型。由于风化等原因，岩面边缘部分有落块现象，对图像有一定损坏（见图 13.11.16）。

图 3.11.16　景泰县尾泉沟岩画 1 号画面

2号画面所在岩石位于1号岩画东侧2.2米处，岩面尺寸宽1.5米，高1.5米，距现地表约2米。画面图像以抽象符号为主，多以同心圆和几何图形组成，符号图像的下方有鹿等已漫漶不清的动物图像。该画面图像造型用敲凿、磨刻结合的线条法完成，刻痕颜色与岩面颜色基本一致，故较难辨识。岩面周缘有部分风化落块现象（见图13.11.17）。

图3.11.17　景泰县尾泉沟岩画2号画面

（三）板荅沟岩画

板荅沟岩画分布在中泉乡野狐水村以南约5千米的板荅沟内北面一处山脚下的一块凸立的大石头上，岩面朝南，距板荅沟沟口3千米，GPS坐标为东经104°03′06.3″，北纬36°53′51.2″，海拔1967米（见图3.11.18）。岩画遗存点的东北方向是大板荅沟，西南边是小板荅沟，其周围被山岭环抱，南面约1千米处有一条东西走向的低山截堵沟口，使沟形成一个从北到南的延续的峡谷地段；西北约1千米处有一眼水井，据当地村民说为清末民国初年所掘，北约5千米为野狐水村。该地段属大陆性干旱气候，植被比较脆弱。村民收入以农业收入为主，村民还兼营小群畜牧（羊）养殖，由于泉水不多，水地面积不大，主要以旱地、沙地为主，生产条件较差，主要进行广种薄收的粗耕作业。自提灌工程上水后，部分村民已迁入灌区，生活条件有了明显的转变。

板荨沟岩画的遗存形式为旷野大石岩画，该处只发现一个画面，岩面宽3.3米，高1.9米，岩面朝南，呈灰黑色，朝南的岩面剥落成一个较平整的面，上面总计有40个图像，画面题材有动物14个、人11个、文字4个、符号及弓箭11个。图像主要以密集敲琢法制成，少量图像以磨刻法而成。图像之间有较多叠压打破的现象，这应是多次（或多人）凿刻而成，使整个画面看起来复杂无序。画面中能够辨识的图像有羊、马、人、弓箭、抽象符号等。此外，还有当地当代苟姓、朱姓村民刻写的"苟"和"朱"的简体字。人物图像的头部为圆圈形，上身比例较长，腿较短，腿与尾巴形的装饰物构成三爪形，双叉插腰，似乎在跳舞。根据图像刻痕分析，推断早期图像主要采用敲琢法制成，晚期图像用磨刻法制成，但都是以线条式造型来表现物体。受自然因素影响，岩面边缘有落块现象，图像因石面风化开裂受到影响。另外，有人为破坏现象，在原有图像上有重新凿刻加深痕迹，严重破坏了原有形象（见图3.11.19）。

图3.11.18 景泰县板荨沟岩画全景

第三章
甘肃岩画图像内容及分布情况

图 3.11.19　景泰县板荐沟岩画

　　从地理环境及遗存分布上看，景泰县中泉乡三处岩画都距黄河较近（陈家坝沟岩画到黄河的直线距离为 11.26 千米，板荐沟岩画到黄河 22.16 千米，尾泉沟岩画到黄河仅 0.33 千米）。三处岩画之间的直线距离也都在 30 千米之内，因此它们应是同一地域文化的代表。景泰县与其北方和东方的岩画遗存较为丰富的内蒙古阿拉善左旗和宁夏中卫市毗邻，与靖远县、平川区隔河相望，为紧邻，在地理环境上和岩画内容、图像制作等方面有着诸多相同之处，所以，在岩画分区上，我们认为景泰中泉的三处岩画皆应归于北方系岩画。

　　中泉乡三处岩画的内容虽有诸多相似点，但也各有一些特点。如陈家坝沟岩画以动物图像为主，表现了利用猎犬围猎、男女交媾等比较特殊的内容。岩画图像没有叠压打破现象，动物造型具有比较典型的中亚/北方草原岩画风格（如饰横 S 形纹）。其中，牦牛图像下男女交媾的场面也很特别，与其他地区岩画中表现生殖器崇拜的画意不同。画面中的牦牛现在一般活动在海拔 3000～5000 米的高原地区，在景泰地区及黄河中游很少出现（景泰与天祝交界处现有部分牧民畜养牦牛），所以我们推测在男女交欢场面表现牦牛可能有其特殊的含义，或许有强调两性交媾能促使牲畜增产的意义。

尾泉沟岩画虽只有两个画面，但其内容和图像种类比较丰富，图像之间叠压打破关系也较复杂，其中人面像和羊等动物图像比较接近宁夏、内蒙古、新疆等地的北方系统岩画，但其中的几何形符号和同心圆等图像，我们难以辨识其含义，该处岩画的图像意义仍有待于细致的观察与分析。

板荨沟岩画的图像重叠打破现象也比较复杂，加之后期人为加刻或损坏，多数图像难以辨识，有待于进一步分析。

从总体上看，中泉乡三处岩画的制作时代应与宁夏、内蒙古等邻近地区的北方系统岩画比较接近，其时代上限晚于新石器时代，下限似不晚于汉魏时期；从岩画图像的造型风格和表现的内容题材看，中泉乡三处岩画中的陈家坝沟岩画可能稍早于尾泉沟和板荨沟两处遗存，更准确的时代判定无疑还有待于下一步深入分析和研究。

二、彭家峡岩画

正路乡位于景泰县城西南方向 64 千米处，彭家峡岩画在景泰县正路乡拉牌村彭家峡北侧（白茨圈湾的下拐子），正路乡拉牌村向东为雷家峡，一直通向喜集水、兴泉至芦阳镇。岩画所处地段属大陆性干旱气候，多冰雹、干旱等自然灾害较多，为景泰县南面干旱山区之一，植被稀少、资源匮乏。地势西高东低，即从西南向东北缓向倾斜，周围地貌沟壑纵横，岩画西侧有当地村民开挖的泉水，但流量不大。岩画遗存点距离黄崖村、拉牌村较近，当地村民收入主要以农业收入为主，村民还兼营小群畜牧（羊）养殖。耕地面积虽大，但基本上都是"靠天吃饭"，主要是沙地、漫水地及山坡地。种植品类多为小麦、荞麦、青稞、莜麦及豆类作物，农作物一年一茬，不能复种。大旱之年甚至连人畜饮水都困难。从拉牌村村口向东南方向行进 3 千米即到达岩画遗存点——彭家峡沟口。沟内有一条曾东西流向的已干枯的沙河，岩画 GPS 坐标点为北纬 36°56′20.6″，东经 103°48′09.9″，海拔 2236 米（见图 3.11.20）。岩画凿刻在山坡底几块较大的、面向朝东南且表面比较平整的石面上。该处岩画共发现 4 个画面，共计有 13 个图像，图像均用敲琢法制成，琢点均匀密集。琢有岩画图像的岩体为砂岩，岩画遗存形式为旷野大石岩画。该处岩画图像题材主要有羊、鸟、全身人像、涡旋纹。

图 3.11.20　景泰县彭家峡沟口全景

其中，一幅最大的画面所在岩石岩面尺寸宽 0.7 米，高 0.5 米，坐落在山坡上的沙河之上，岩面朝东南。共有图像 3 个：漩涡纹 1 个、全身人像 1 个、羊 1 只。以密集敲琢手法表现出一个漩涡纹的图像，在画面左侧琢刻着一幅全身人像和一只羊，图像已经模糊。从敲琢手法和痕迹可以看出，该图像与漩涡纹明显不是一个时期完成的（见图 3.11.21）。由于年代久远、风蚀雨淋、太阳暴晒，岩面四周已风化剥落、岩面中间开裂，又有好事者用石头在画面原图像上重砸重凿，从而造成岩画图像的破坏。

图 3.11.21　景泰县彭家峡漩涡纹图像

三、黄崖沟岩画

景泰县芦阳镇黄崖沟岩画于 2015 年 7 月由当地牧民发现并报告县文物局及博物馆，这是迄今为止景泰县境内发现的第八处岩画点。此处共发现岩画一幅，一共 121 个单体图像。

景泰县芦阳镇位于景泰县东部，原景泰县旧县城，地处景电一期灌区腹地，东临黄河与靖远县相望，南依米家山与中泉镇毗邻，西连喜泉镇，西北接一条山镇，北邻草窝滩镇。境内地势西高东低属山区丘陵地带，全乡平均海拔 1500 米。芦阳镇居民主要从事农业生产，同时兼营小群畜牧（羊）养殖。耕地面积虽大，但基本上都是"靠天吃饭"，主要是砂地、漫水地及山坡地，种植品类多为小麦、荞麦、青稞、莜麦及豆类作物，农作物一年一茬，不能复种。黄崖沟岩画所处地段属大陆性干旱气候，多冰雹、干旱等自然灾害，植被稀少，资源匮乏。

芦阳镇黄崖沟岩画位于景泰县芦阳镇索桥村黄崖沟段家湾南面的石崖上，在芦阳镇东 10 千米处。20 世纪 70 年代索桥村为原芦阳乡的一个行政村，索桥村有 4 个自然村，分别是段家湾、王家庄、杨庄、索桥园子。从响水村出发沿沙河向东顺流而下，在河谷两边穿行四五千米到达已经废弃的段家湾（当地称"段家湾湾"）自然村，黄崖沟岩画便在段家湾正对面的石崖上。约 40 年前，景电一期工程后，村民已搬迁到了 20 千米外的芦阳镇寺梁村，现在这里只剩下残垣断壁。岩画坐落在距河谷二三十米的峭壁上，坐南面北。此悬崖高约百米，在此处有一层仅容一人站立的台基，刻绘者可在此站立刻绘。由于台基很窄，无法拍摄整体画面，且有些岩画可能在不同时代被敲凿创作，有部分重叠叠压现象，证明古人有在此处作画描摹的习惯。岩画 GPS 坐标点为北纬 37°6′30.36″，东经 104°15′10.78″，海拔 1430 米（见图 3.11.22）。图像题材内容丰富且复杂，有人像、羊、狼、同心圆、抽象符号、北斗七星图等，图像均以敲琢法制成，阴线宽约 1 厘米。画面中使用的抽象手法与尾泉沟岩画手法接近，造型古朴稚拙，充满奇幻色彩，具有较高的研究价值。

第三章
甘肃岩画图像内容及分布情况

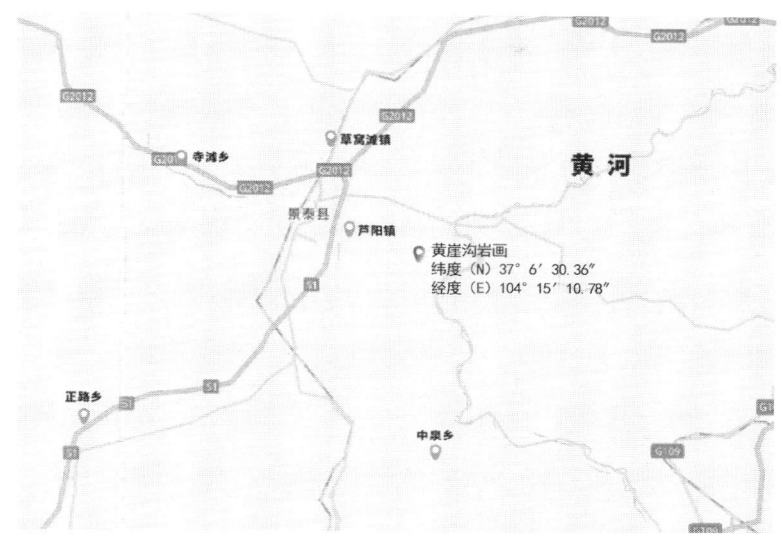

图 3.11.22　景泰县黄崖沟岩画地点分布位置图

黄崖沟岩画分布较为集中，所有图像都集中在一面平坦的峭壁之上，该处只发现一幅岩画，共有 121 个图像。岩画所在岩面是个不规则长方形，整体宽度为 10 米，最高 2.5 米。崖面受风吹雨淋等自然现象的影响已断裂为 5 块，根据河水从西向东的流向，顺序将这幅岩画编号为 1 号画面至 5 号画面（见图 3.11.23）。整幅图像均用敲琢法制成，琢点均匀繁密，并采用剪影式和线条式两种表现方法，琢有岩画图像的岩体为砂岩。

图 3.11.23　景泰县黄崖沟岩画分布示意图

1号画面所在岩石岩面尺寸宽 2.34 米，高 1.80 米，是整幅岩画中最大的一部分，清晰可辨认的图像共 24 个。图像题材有水波纹 4 道、同心圆 8 个、圆圈 5 个、全身人像 1 个、狼 1 只、羊 1 只、不明物 4 个。其中，水波纹处于此画面最左侧，刻画成上小下大的形状，高 94 厘米，下端最宽处有 10 厘米。最大的同心圆直径为 65 厘米，同心辐射状的阴刻线一共 10 圈，每道线宽约 2 厘米。同心圆上端的 7 个小同心圆排列成七星北斗星座的形状，在这 7 个小同心圆图像之间又刻画了 5 个圆圈，有轻微叠压现象，从刻痕的颜色和手法上看有细微差别，可以初步判定这 5 个圆圈是后期加入的。画面中狼和羊的头部都朝向画面右侧，身体直立。画面中所有图像均用密集敲琢手法以线条造型，其中部分图像被人用墨汁描摹了，左侧水波纹部位部分岩石断裂脱落，对画面图像造成一定影响，其他部分保存完整（见图 3.11.24）。

图 3.11.24　景泰县黄崖沟 1 号画面

2 号画面所在岩石岩面尺寸宽 1.23 米，高 1.91 米，清晰可辨认的图像共 27 个。图像题材有水波纹 6 道、同心圆 5 个、人面像 1 个、大角羊 2 只、鹿 1 只、狼 6 只、不明物 6 个。其中，水波纹处于画面最左侧，同样刻画成上小下大的形状，高 78 厘米，下端最宽处有 18 厘米；最大的同心圆的直径为 14 厘米；人面像尺寸为 13 厘米×10 厘米；最大的羊的尺寸为 17 厘米×8 厘米。画面中动物朝向有左有右，多数朝向画面右侧，身体直立。从动物的形态表现手法上看，图像出自不同的人之手，图像之间有叠压重叠现象，应该是□不同时代、不同先民多次刻画而成。所有图像均用密集敲琢手法以线条进□，阴线宽1~2厘米。岩石部分脱落，对画面图像造成一定影响，其他部□保存完整（见图3.11.25、图3.11.26）。

图3.11.25　景泰县黄崖沟2号画面

图3.11.26　景泰县黄崖沟2号画面局部

3号画面所在岩石岩面尺寸宽1.42米,高1.36米,清晰可辨认的图像共25个。图像题材有手印1个、水波纹3道、鹿3只、同心圆6个、狼6只、大角羊3只、不明物3个。其中,手印处于画面最上端,尺寸为22×14厘米;水波纹处于画面最左侧,刻画成上小下大的形状,高106厘米,下端最宽处有23厘米;最大的鹿的尺寸为46厘米×31厘米;最大的同心圆的直径为7厘米;最大的狼的尺寸为61厘米×35厘米。画面中动物的头的朝向有左有右,多数朝向画面左侧,身体直立。整幅画面的图像之间叠压重叠现象严重,鹿的前胸上刻画了涡旋纹,刻痕较深,阴刻线较水纹、狼、羊的阴刻线细,它陆续打破手印和羊等其他图像,从动物的形态表现手法上看,图像出自不同的人之手。另外还有一只鹿叠压在一只狼之上,可以判定鹿是后期刻画的,因此该图像是由多人多次刻画而成。根据琢痕的颜色也可以看出,水波纹、大角羊、鹿、手印、狼的琢痕颜色均有细微差别,应该有制作时间上的相对早晚的关系。手印是采用密集敲琢手法以剪影式表现造型,其余图像均是密集敲琢手法以线条式表现造型,阴线宽1~2厘米。此部分岩画下部多处被人用墨汁描摹,中间部位部分岩石脱落,对画面图像造成一定影响,其他部分保存完整(见图3.11.27、图3.11.28)。

图3.11.27　景泰县黄崖沟3号画面

第三章
甘肃岩画图像内容及分布情况

图 3.11.28　景泰县黄崖沟 3 号画面局部

3 号画面所在岩石岩面尺寸宽 1.83 米，高 1.06 米，清晰可辨认的图像共 22 个。图像题材有全身人像 2 个、人面像 1 个、同心圆 4 个、狼 12 只、大角羊 2 只、不明物 3 个。其中，全身人物一大一小，最大的人物的尺寸为 30 厘米×15 厘米；人面尺寸为 16 厘米×12 厘米；最大的同心圆的直径为 12.5 厘米；最大的狼的尺寸为 61 厘米×35 厘米。12 只狼全部头朝向画面右侧，两耳较大，尾巴较长，耷拉在身后，身体直立，无动态表现。从狼的形态表现手法可以看出，图像出自不同的人之手，而且图像之间叠压重叠现象严重。画面中的所有图像均用密集敲琢手法成像，根据每个图像琢痕的颜色可以分析出这些图像有制作时间上相对早晚的关系，图像造型方法均以线条式表现，阴线宽 1~2 厘米，图像琢痕颜色与岩石表面颜色基本一致。此幅岩画下部多处被人用墨汁描摹，其他部分保存完整（见图 3.11.29、图 3.11.30）。

4 号画面所在岩石岩面尺寸宽 1.5 米，高 1.11 米，清晰可辨认的图像共 21 个。图像题材有箭头 1 只、全身人像 3 个、同心圆 1 个、狼 13 只、不明物 3 个。其中，箭头尺寸为 13 厘米×8 厘米；人物两大一小，最大的人物的尺寸为 51 厘米×16 厘米；同心圆尺寸为 16 厘米×16 厘米；最大的狼的尺寸为 33 厘米×17 厘米，其中 5 只狼围绕在同心圆周围。所有图像均用密集敲琢手法成像，图像琢痕颜色与岩石表面颜色基本一致，琢点精细均

图 3.11.29　景泰县黄崖沟 4 号画面

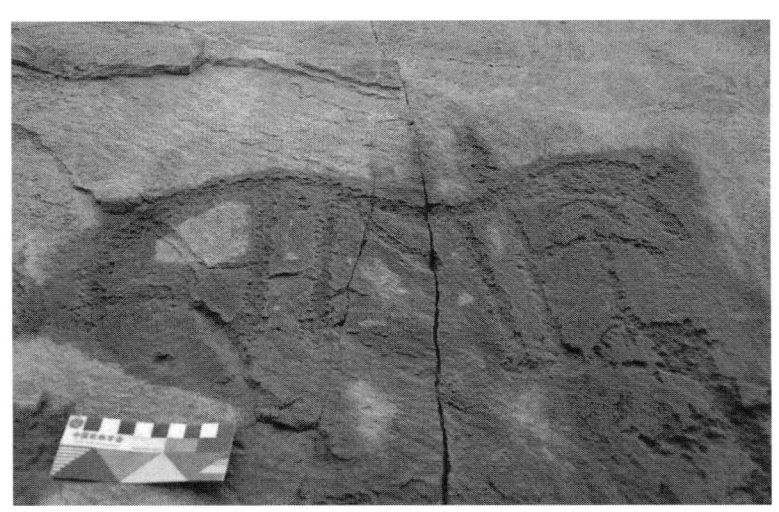

图 3.11.30　景泰县黄崖沟 4 号画面局部

匀,图像与图像之间无叠压覆盖现象,造型方法是线条式。13 只狼的头全部朝向画面右侧,两耳较大,尾巴较长,耷拉在身后,身体直立,无动态表现。此幅岩画在同心圆处被人用墨汁描摹,其他部分保存完整(见图 3.11.31)。

第三章
甘肃岩画图像内容及分布情况

图 3.11.31　景泰县黄崖沟 5 号画面

　　黄崖沟岩画属于露天崖壁岩画，即在旷野露天的山体崖壁上凿刻出来的岩画。在景泰岩画的遗存形式共两种：露天崖壁岩画和旷野大石岩画。其中露天崖壁岩画 5 处，旷野大石岩画 4 处。露天崖壁岩画一般分布在地形比较开阔的山谷两侧、山前湖滨地带及山谷出口等地貌区，附近地势比较平坦，有丰富的水源（河流或湖泊）和便利的交通条件。在一些岩画地点的附近还发现过史前时期的石器文化地点，由此可见，这类遗存形式岩画的分布区也是古代先民生存活动频繁的地区。① 黄崖沟岩画与其他黄河河谷或附近岩画有不同之处，刻画在距离河谷高 20～30 米的悬崖石壁上。此悬崖高约百米，岩画前面有一层仅容一人站立的台基，最高处的图像距台基地面约 3 米，现在连整幅画面都无法拍摄，可见，随着时间的推移此处的地形地貌发生了较大的改变。岩画前河谷的水流便是段家湾，是响水的一个分支，响水是注入媪围河（今芦阳大砂河）最大的支流，媪围河上游称"水沟"，中游则称为"响水"。媪围河发源于县城东北数里的寿鹿山，经媪围城的南面东泻（西汉时汉武帝在景泰设媪围县城，在今天的芦阳镇的吊沟村，当年这里是丝

---

① 李永宪. 西藏原始艺术 [M]. 四川：四川人民出版社，1998.

绸之路上通往西域的第一个重镇），经索桥渡口处流入黄河。媪围河沿途流经响水、东风、麦窝、弯沟、杨家庄、段家湾等自然村。从寿鹿山发源的河水，全长约30千米，到了段家湾流域，已然成为一条流量不小的河流。由此可见段家湾、杨家庄这一带自古以来就是交通要道。距黄崖沟岩画7千米的索桥古渡位于芦阳镇索桥村，连接景泰和靖远两县，作为丝绸之路北线的重要黄河渡口，承载着渡口两岸的贸易、文化交流。除此之外，在芦阳镇周围还发现了张家台古墓群、营盘台新石器时代的文化遗址。这些都表明黄崖沟岩画遗存的分布区是古人生存活动频繁的区域，他们以此为中心展开生活、丧葬、文化交流和贸易往来。

虽然黄崖沟岩画部分图像之间有重叠覆盖现象，不过，多数图像还是可以辨识的。从图像题材上看，有全身人像、同心圆、人面像、狼、鹿、羊、水波纹、手印。在1号画面中有7个同心圆组成北斗七星的形状，中间夹杂了5个圆圈，犹如天空中出现的其他星辰一般。下方是直径为65厘米的同心圆，这是甘肃省内目前发现最大的同心圆岩画，十圈的光环如同一个巨大的太阳一般发出万丈光芒。如果把七星北斗与太阳以及几个圆圈组合在一起，俨然是一幅天象图。当然，几个图像可能并不是一人在一个时期所为，但是证明古人在作画时已经将此部位作为表现天象的一个主要区域。另外，水波纹的表现较为生动，在1号、2号、3号画面中都出现了，并且位置都在画面的左侧，古人用弯曲有序的线条表现水流，上小下大，由窄变宽，从绘画角度审视，这种处理方式能够形象地表现出近大远小的透视关系，同时也表现出古人对水流、水势这种自然现象已经有了清晰的认识。整幅画面都刻画了大量的动物图像，其中狼的数量较多，从刻画细节上可以看出这些图像并不是出自一人之手，但画法却比较统一，用一根S形曲线从头部贯穿到尾部，两耳直立，腰部较长，长尾拖在身后，四肢较短，但粗壮有力。鹿和羊的数量不多，鹿的前胸上刻画有涡旋纹，腿部较长；一般羊角被刻画得很大，比较夸张。所以，从图像的表现手法上可以看出，古人对动物的体态特征已经有了足够的了解，能够通过局部夸张手法来再现动物的属性。这些岩画中没有追杀撕咬的画面，但表现出了野生动物之间的食物链关系。整幅画面中出现全身人像7个、人面像2个，与动物的数量相比明显少很多，人物在整个画面中处于劣势。

从图像的依存关系上看，整幅画面中都存在图像的重叠叠压现象，比如在3号画面中出现的手印。从图像的重叠现象上可以看出图像手印被图像鹿打破，说明图像手印被刻画的时间要早于图像鹿被刻画出来的时间。在2号、3号、4号画面中表现动物的区域里基本都有动物之间的叠压现象，在5号画面天象图区域中只有圆圈的轻微重叠。从叠压的图像上看，并没有逻辑关系可寻，可见古人是在图像之间的空档来寻找足够的空间作画的。但是有趣的是不同时期、不同的画者基本都选择在相应的空间刻画一样种类的图像，这样使我们今天解读起来更加困难，也更有意思。在我们今天看来，这些不同时期的众多图像最终组合成一幅和谐的大自然景观，虽然当时并不是一气呵成，但是古人已表现出在此作画约定成俗的习惯。用太阳、星座、流水、动物、人类表现出当时的人对自然的崇拜——天象崇拜、动物崇拜。虽然画面里刻有狼、鹿、羊这几个天敌，但是并没有表现常见的狩猎厮杀的场景，反而表现出一个和谐的自然景观：太阳、星空之下，水流旁常有鹿、羊来此处饮水，狼也常常在此埋伏或尾随其后，人类就像是一个见证者，最终组成了一幅非常宝贵的岩画研究实物图像资料。

景泰岩画处于甘肃省黄河流域，在黄河西岸与靖远隔河相望，从岩画题材和表现手法上看，两个地区的岩画明显有许多相似之处。总体上看，黄崖沟岩画的图像风格和内容题材与宁夏、内蒙古等邻近地区的北方系统岩画比较接近，其时代判定还有待于下一步深入分析和研究。

四、老鸹崖岩画

上沙窝镇位于景泰县城西北方向35千米处，老鸹崖岩画位于景泰县上沙窝镇三眼井村泉子沟老鸹崖崖壁之上，GPS坐标点为北纬37°20′37.0″，东经103°50′13.6″，海拔2102米（见图3.11.32）。此处岩画地处老鸹崖北侧山脚下，四周为群山沟谷，属山区地带。此处气候为大陆性干旱气候，降水量少，蒸发量大。植被非常稀疏，主要有碱柴、骆驼草、芨芨草等。沟谷内经常会有野兔、野鸡、沙蜥蜴等动物出没。从三眼井村村口向西行进14千米到达岩画遗存点——泉子沟老鸹崖，岩画地处荒凉的山沟内，四周 5 千米内无人居住，泉子沟内有一条曾经东西流向的已干枯沙河，沟内原有一条便道，但遭洪水冲毁，道路崎岖坎坷，交通极为不便利。岩画由东向西依次分布在距沙河河床 1～2 米的石崖上。该处岩画共发现 8 个画面，共计有 82 个图像。图像均用敲琢法制成，琢点均匀密集。琢有岩画图像的岩体为砂岩，岩画遗存形式为露天崖壁岩画。该处岩画图像题材主要有羊、狼、鹿、人像、文字、圆圈等。由于岩画图像遭风雨侵蚀和阳光暴晒，岩石表面开始自然剥落，再加上有人在原有图像上任意模仿刻画，大部分图像已形迹模糊，画面内容已遭严重破坏。

图 3.11.32　景泰县老鸹崖岩画山体全景

其中：1 号画面所在岩石岩面尺寸宽 1.3 米，高 1 米，距地面约 1 米，岩面朝东南。岩画内容以动物为主，共有图像 7 个：兽 3 个、鸟 1 只、不明物 3 个（见图 3.11.33）。

第三章
甘肃岩画图像内容及分布情况

图 3.11.33　景泰县老鸦崖 1 号画面

1 号画面所在岩面已经断裂，对图像影响较大，画面中有一种古人狩猎武器——黄羊夹子，此幅岩画中的黄羊夹子呈圆圈状，中间是"十"字交叉形，旁边有一只躺倒在地的北山羊，由于岩面断裂，造成北山羊的头部已不完整（见图 3.11.34）。

图 3.11.34　景泰县老鸦崖 4 号画面

8号画面所在岩石岩面尺寸宽1.4米，高0.8米，距地面约0.5米，岩面朝东南。岩画内容以文字为主，共有图像40个：文字19个、人像3个、羊4只、鹿2只、不明物12个（见图3.11.35）。岩画图像用密集敲琢法制成。画面中有一人做投掷动作，前方有一只鹿，鹿尾处已经被投掷器砸中，这个画面给大家展示了古人狩猎的场景，为我们研究古人狩猎方式以及狩猎武器种类提供了宝贵的资料（见图3.11.36）。从狩猎场景中可以看到，猎人在投掷武器后上身呈向前蜷缩状，将发力之后的状态表现得淋漓尽致（见图3.11.37），猎人手持武器示意图见图3.11.38。

图3.11.35　景泰县老鸹崖8号画面

图3.11.36　景泰县老鸹崖8号画面局部

图3.11.37　景泰县老鸹崖8号画面局部线描图

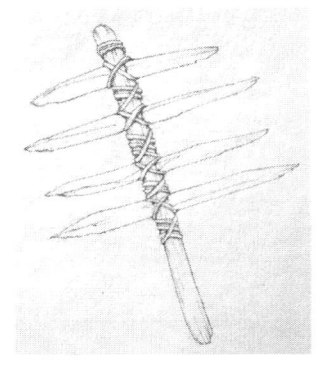

图3.11.38　狩猎武器示意图

五、石鹿沟岩画

景泰县寺滩乡三道埫村白茨水石鹿沟岩画于 2014 年 7 月由当地牧民发现并报告县文物局及博物馆。

寺滩乡位于甘肃省白银市景泰县的西边，距景泰县城有 26 千米。东临条农，南依寿鹿山，西与古浪县、天祝县接壤，北依昌林山，与红水和草窝滩镇接壤。境内地势西高东低属山区丘陵地带，全乡平均海拔 2000 米。目前寺滩乡有 19 个行政村，白茨水村是景泰县寺滩乡的一个自然村，在寺滩乡北面，位于祁连山东段支脉的寿鹿山南麓，距景泰县城 30 多千米。岩画就位于白茨水村北面石鹿沟沟口西北侧的石崖上，石鹿沟因有石鹿的岩画而得名。原本有岩画的这条沙河名叫白茨水沙河，有岩画的这一段当地人称为石鹿沟。这条沙河发源于昌林山脉的南端，与社家埫沙河属于同分水岭的一条长而宽的沙河，南流经白茨水村流入寺滩沙河。沙河两岸有当地居民开垦的旱地。当地有一句老话："见了柏树庄，银子口袋装，若要不相信，石鹿来作证。"由此可见，石鹿岩画在此很久了。岩画所在地段属昌林山南麓，为大陆性干旱气候，海拔较高，气候寒凉，处于山区（山南）褶皱地带。岩画的东侧为三眼井沙河的上段，属红水河床，沙河内无常年性的径流，基本上呈北南流向，地势西北高、东南低，呈缓降趋势。南临白茨水村，距白茨水村 7.5 千米，距东南方向的三道埫 12.5 千米。西面山谷的沟谷内有开采煤窑的，交通不便，植被稀少，资源匮乏。北依昌林山白茨水村及周围临近的三子、古墩子等村。村民大致都从事农业生产，同时兼营小群畜牧养殖以作经济的补充收入。农产品主要以小麦为主，兼种糜、谷、豆类、洋芋等。水地面积少，以漫水地为主要耕作对象，基本上是"靠天吃饭"的山区。岩画 GPS 坐标点为北纬 37°21′09.2″，东经 103°46′20.6″，海拔 2400 米。

从石鹿沟沟口到岩画点的曲折公路距离 13 千米，直线距离 9.8 千米。岩画分布较为集中，所有图像都分布在沙河河床高 9 米、东西长 20 米的崖面上，分布面积约 9 平方米。该处共发现岩画七幅，总计 44 个单体图像，根据从上到下、从左向右的顺序将这七幅画面编号为 1 号画面至 7 号画面

（见图3.11.39）。所有图像均用敲琢法制成，琢点均匀繁密，并采用剪影式和线条式两种表现方法，琢了岩画图像的岩体为砂岩。部分图像有后来者重刻敲砸破坏的痕迹。

图3.11.39　景泰县石鹿沟岩画全景

　　1号画面所在岩面尺寸宽2.40米，高1.60米，是七幅画面中最大的一幅，清晰可辨认的图像共21个。图像题材有：鹿6只、岩羊8个、不明物7个。其中，最大的公鹿尺寸为60厘米×55厘米，左侧的公鹿尺寸为47厘米×42厘米，最小的公鹿尺寸为19厘米×21厘米。画面中所有图像均用密集敲琢手法以线条造型，整幅画面中虽无图像的叠压现象，但从琢痕的颜色和手法上看有明显的差别，可以初步判定这组图像有前期、中期和后期三个时期；前期的图像琢痕颜色已经风化，与岩面呈一个颜色；1号画面中的中期图像是重点，以最大的公鹿为主体。公鹿的周围刻有4只小鹿和5只岩羊，其中有正在交配的两只鹿，反映出当时人们对于生殖崇拜的观念；后期图像以左边的鹿为主，刻痕较浅，凿点不够密集，从体态造型上看是刻意模仿中期的公鹿形象，左侧鹿的头部岩石表面断裂脱落，对画面图像造成一定影响，其他部分保存完整（见图13.11.40）。

图 3.11.40　景泰县石鹿沟 1 号画面

2 号画面所在岩面尺寸宽 0.6 米，高 0.9 米，可辨认的图像只有 1 个。图像题材为残鹿 1 只。岩石部分脱落，已对画面图像造成一定影响（见图 3.11.41）。

图 3.11.41　景泰县石鹿沟 2 号画面

3号画面所在岩面尺寸宽1米，高0.48米，可辨认的图像2个。图像题材是2只鹿。2只鹿相对而立，其中右侧的鹿未刻画完整，从表现手法上看是采用密集敲琢以剪影式造型。两个图像之间没有重叠叠压现象，从手法和刻痕颜色上看是同一时期同一人所为（见图3.11.42）。

图3.11.42　景泰县石鹿沟3号画面

4号画面所在岩面尺寸宽1.4米，高0.5米，清晰可辨认的图像共8个。图像题材有3只岩羊、鹿1只、残破动物1只、不明物3个。其中一只鹿的前半身所在的岩石已经断裂，鹿的右下方有一只头部所在岩石已经断裂，所以不能判断出是什么动物。鹿的左上方是三只奔跑的岩羊。在画面最右下方有一不明物，从刻痕的颜色上看它跟其他的图像并非同一时间刻画出来的。整幅画面中的所有图像均用密集敲琢手法以剪影式造型。岩石一部分脱落，对画面图像造成一定影响，其他部分保存完整（见图3.11.43）。

5号画面所在岩石岩面尺寸宽1.3米，高0.9米，清晰可辨认的图像共5个。图像题材有岩羊1只、鹿1只、不明物3个。2个图像之间是完全重叠在一起，应该是由不同时代、不同先民多次刻画而成。从刻痕上可以看出，鹿是早期刻画的，刻痕颜色与岩石表面颜色基本一致。从动物的形态表现手法上看，图像出自不同人之手，2个图像均用密集敲琢手法以剪影式造型。

图 3.11.43　景泰县石鹿沟 4 号画面

岩石没有脱落，但是岩羊的形象完全叠压在鹿身上，对早期的图像造成一定影响。其他部分保存完整（见图 3.11.44）。

图 3.11.44　景泰县石鹿沟 5 号画面

5 号画面所在岩石岩面尺寸宽 1 米，高 0.7 米，清晰可辨认的图像共 6 个。图像题材有岩羊 1 只、鹿 1 只、不明物 4 个。从两只动物的形态表现手法上看，图像出自同一人之手，图像之间没有叠压重叠现象，呈紧密相连分布状。图像均用密集敲琢手法以剪影式造型。在鹿的图像上有后人描摹现象，对画面图像造成一定影响，其他部分保存完整（见图 3.11.45）。

图 3.11.45　景泰县石鹿沟 6 号画面

7 号画面所在岩石岩面尺寸宽 0.84 米，高 0.5 米，清晰可辨认的图像只有 1 个。从形态分析无法辨析出来是什么图形。图像用密集敲琢手法以线条造型，阴线宽 1～2 厘米（见图 3.11.46）。

图 3.11.46　景泰县石鹿沟 7 号画面

白鹿沟岩画题材不多，只刻画了鹿和岩羊，明显不如其他地点题材丰富。画面中，岩羊刻画生动，惟妙惟肖，羊角刻画得弯曲如盘，上山下山灵活自如，至今岩羊还在白茨水一带活动。鹿的刻画手法与西藏、宁夏贺兰山等地的刻画手法一致，在鹿身上琢有涡旋纹，这种画法在早期的雕刻器物鹿的形象中也常见。

六、梁家湾岩画

红水镇位于景泰县城西北方向55千米处，梁家湾岩画位于景泰县红水镇原松林村南梁家湾崖壁之上，岩画GPS坐标点为北纬37°23′28.4″，东经103°15′56.3″，海拔2529米。岩画遗存点邻近村落为原松林村，村民半农半牧。自景电一期、二期提灌工程建成后，配合退耕还林大政方针，村民已全部迁至灌区，现只有少数牧羊人在此放牧，临时居住。岩画所在地的山北为大片耕地，山南沟谷纵横，海拔较高，气候寒凉，因邻近松林，植被相对较好。

梁家湾岩画于2008年8月由当地牧民发现并报告当地有关部门，当时景泰县文化馆积极组织相关人员前去考察。从原松林村村口向南行进16千米到达岩画遗存点——梁家湾，梁家湾的沟内有一条曾经东西流向的已干枯沙河，岩画集中分布在距沙河河床1~2米的石崖上。该处岩画共发现5个画面，共有6个图像，图像均用敲琢法制成，琢点均匀密集。琢有岩画图像的岩石为砂岩，岩画遗存形式为露天崖壁岩画。该处岩画图像题材主要是动物（见图3.11.47~图3.11.49）。

图3.11.47　景泰县梁家湾岩画1号画面全景

图 3.11.48　景泰县梁家湾岩画 1 号画面局部 1

图 3.11.49　景泰县梁家湾岩画 1 号画面局部 2

七、狼洞沟岩画

　　景泰县狼洞沟岩画位于今红水镇红岘村南山，距离姜窝子沟岩画遗存点 1.2 千米，岩画全部分布于山顶裸露岩石之上。岩画 GPS 坐标点为北纬 37°30′31″，东经 103°47′51″，海拔 1893 米（见图 3.11.50）。岩画分布较为分散，所有图像都分布在山巅之上的大石头上，该处共发现岩画 33 个画面，单体图像 100 个。根据上山的路线将这 33 个画面编号为 1 号画面至 33 号画面。所有图像均用敲琢法制成,琢点均匀繁密,并采用了剪影式和线条式两种表现方法,琢有岩画图像的岩体为砂岩(见图 3.11.51~图 3.11.54)。

图 3.11.50　景泰县狼洞沟全景

图 3.11.51　景泰县狼洞沟 5 号画面

图 3.11.52　景泰县狼洞沟 13 号画面

图 3.11.53　景泰县狼洞沟 15 号画面

图 3.11.54　景泰县狼洞沟 23 号画面

八、姜窝子沟岩画

景泰县红水镇姜窝子沟岩画于 2006 年 11 月由当地牧民发现并报告县文

第三章
甘肃岩画图像内容及分布情况

物局、博物馆。姜窝子沟岩画位于今红水镇红岘村南山，名为姜窝子沟。姜窝子沟内有一个自然形成并形似臼杵的石构造（当地人称石臼为"姜窝子"，'姜'或为"臼"）。其山脉属于祁连山余脉，与祁连山主脉平行，东西走向，北临腾格里沙漠，是农耕与游牧的重要交接点，附近是丝绸之路北线。沟口附近红岘村里的村民的居住历史不长，以前全村境内以旱地、沙地为主，所以主要经营畜牧业，农业是靠天吃饭。后来，红岘沙河沟沟口姜窝子沟附近的新村均是提灌工程上水，村民主要从事农业生产，科学种田，当然，养殖业也比较普及，生活生产条件都得到了明显改善。姜窝子沟岩画GPS定标点为北纬37°30′38.7″，东经103°47′07.5″，海拔2020米（见图3.11.55）。岩画分布于两条沟沟口相夹的山顶上，山顶上岩石裸露。岩画所在地区属大陆性气候，海拔较高，比较寒凉，植被以耐旱、耐寒的芨芨草、米星、烟葫芦等柴科植物为主，地势为西南向东北倾斜，周围群山起伏、沟壑纵横。红岘沙河沟自岩画所在地的西南侧向东北曲折延伸7千米左右，一直通到红岘灌区。

图3.11.55 景泰县姜窝子沟沟口全景

从姜窝子沟沟口到岩画点直线距离4千米。岩画分布较为集中，除了1号画面凿刻于坐落在沟底的大石之上以外，剩下所有图像都分布在山巅之上的大石头上。该处共发现岩画26个画面，单体图像71个。根据上山的路线将这 26 个画面编号为 1 号画面至 26 号画面。所有图像均用敲琢法制成，琢点均匀繁密，并采用剪影式和线条式两种表现方法，琢有岩画图像的岩体为砂岩。由于此处岩画历史年代久远，风吹雨淋，烈日暴晒，冰雹敲砸，有些图像所在石面严重开裂，并有石面剥落现象，对岩画保护构成严重威胁。

其中，11 号画面所在岩石岩面尺寸宽 1.03 米，高 0.63 米，面朝西南，清晰可辨认的图像共 2 个。图像题材是 2 个全身人像。画面中两个图像均用密集敲琢手法以条造型，整幅画面中的图像无叠压打破现象，从琢痕的颜色和手法上看是同一人琢刻。岩石表面断裂，对画面图像造成一定影响，其他部分保存完整（见图 3.11.56）。其中，右边人物图像的尺寸为 14 厘米 ×22 厘米，双腿叉立，双脚外撇，双手下垂，可以看出，创作者注重细部的刻画，隐约可见其分开的手指。其形象最突出的有两点：一是双腿间下垂的刻画；二是其发式。前者可以有两种解释：男性生殖器、饰尾；后者似乎是从鬓角伸出了两绺发辫，但仔细识读发现左侧还伸出一根细小的发辫，人物左右边发垂至肩。左边人物图像尺寸为 11 厘米 ×22.5 厘米，腰身稍粗，最主要的特征是其双腿粗壮，作马步形态。头顶部左手持一似弓状器物。岩画中的图像提供了在早期该地区生活的人物装束的形象资料，在没有文献资料的情况下，其发式、服装可能成为我们判定其民族属性的唯一资料。

图 3.11.56　景泰县姜窝子沟 11 号画面

第三章
甘肃岩画图像内容及分布情况

右边人物裆部刻画应为尾饰而非男性生殖器；左边人物双腿粗壮，手持器物。两人或为一男一女。裆部有突出物的人物形象刻画，在岩画中比比皆是。研究者多以为是尾饰而非男性生殖器，古人饰尾源自对动物的模仿。距姜窝子沟不远的宁夏中卫地区的岩画资料表明，许多裆部突出下垂的部分，应为早期人类模仿动物的尾饰，而男性生殖器的表达方式往往是勃起，与身体成垂直关系[①]。比如著名的新疆呼图壁县康家石门子岩画、新疆裕民县巴尔达库尔岩画、新疆米泉区柏杨河乡独山子村岩画中有许多男性人物图像，其生殖器无一例外，均为勃起状，有明显的夸张意图，表达了古人祈求生育繁衍、渴望强大性能力的愿望，而其他类似的裆部刻画，学者均识别为尾饰。红水姜窝子沟这幅岩画左边人物为男性，右边人物为女性的可能性较大。类似的人物图像还出现在附近的岩画中，如景泰县三眼井老鸹崖岩画中的人鹿图像。其中，人和鹿应为早期创作，人物下垂的饰尾与头冠和红水姜窝子沟羌人物图像有相似之处（见图3.11.57）。

图3.11.57 景泰县三眼井老鸹崖岩画

在原始社会部落当中，巫觋是神和人之间沟通的桥梁，有着崇高的地位，并起着非常重要的作用。有些巫觋甚至就是部落的首领。因此，岩画中常常出现巫觋舞蹈的场面。与姜窝子岩画所在地很接近的内蒙古巴丹吉林沙漠岩画中，就出现了不止一个画面的巫觋舞蹈图。他们有些手持某种东西，

---

① 周兴华. 中卫岩画 [M]. 宁夏：宁夏人民出版社，1991.

研究者认为这种持法器（或武器）手之舞之、足之蹈之者，就是部落的巫师。细审岩画右边女性的发式，右边头发垂肩，而左边表现为一粗一细两条刻线，其刻画表现应为披发而非辫发。河西魏晋十六国时期墓葬中的人物发式，是迄今发现最早、最清晰的人物发式描绘。许多不同于中原人衣饰的特殊发式者，被学界判断为少数民族。除早期岩画和汉代墓葬画像中人物发式图像外，这些图像无疑是最早的人物形象资料，相对于前者，这些彩绘人物描绘得更清晰，更具体。可作为红水姜窝子沟岩画人物发式判断的重要参考①。

24 号画面所在岩石岩面尺寸宽 1.04 米，高 0.57 米，面朝东南，清晰可辨认的图像共 9 个。图像题材有全身人像 2 个、虎（豹）1 只、犬 6 只。画面中的图像均用密集敲琢法造型，整幅画面中的图像无叠压现象，从琢痕的颜色和手法上看是同一时期同一人琢刻。岩石表面发生断裂，对画面图像造成一定影响，尤其是画面周围岩石脱落，对周边图像造成很大影响（见图 3.11.58）。其中，右边人物双手握枪状武器刺进虎（豹）胸部，身体后仰。左边人物双腿弯曲，双手握斧状武器砸向虎（豹）尾部。

图 3.11.58　景泰县姜窝子沟 24 号画面

---

① 庞颖，高启安. 最早的羌人形象图—姜窝子沟岩画双人舞蹈图像初探 [J]. 河西学院，2021，(03)：19-25.

第三章
甘肃岩画图像内容及分布情况

二水镇姜窝子沟岩画中动物图像较多,以北山羊为主(见图3.11.59、图3.11.60),另外还有一些无法解读的抽象符号(见图3.11.61)。

图3.11.59 景泰县姜窝子沟岩画——羊图像

图3.11.60 景泰县姜窝子沟岩画——动物图像

图 3.11.61　景泰县姜窝子沟岩画——抽象符号

景泰县地处河西走廊东端、祁连山末尾。其境内以及周边分布有吴家川岩画（靖远县）、平川岩画、永昌岩画，乃至宁夏的贺兰山岩画、内蒙古的巴丹吉林沙漠岩画等，景泰一带早先应为西戎或羌人游牧之地，其岩画产生的时代、民族属性应与周边岩画大致相同。姜窝子沟 11 号画面羌人图的发式是判断古人族属的重要形象资料。在文字资料缺载或语焉不详的情况下，图像就是最直接的资料。而可供参考的，就是汉代石刻资料和魏晋十六国时期的墓葬砖画资料。其中，河西魏晋十六国时期，砖墓人物图像发式对判断红水姜窝子沟岩画人物发式有极大参考价值。

红水姜窝子沟岩画地处新疆阿尔泰山、甘肃祁连山、宁夏贺兰山、内蒙古阴山山脉呈弯月带状的中段，属于中国北方岩画，地理位置十分重要。参考河西魏晋墓砖画少数民族人物发式及学界观点，姜窝子沟这张人物岩画应为羌人图像，而且应该是最早的羌人形象图。上古时期，景泰一带为西戎或羌人游牧之地，因此，景泰县姜窝子沟岩画中的早期羌人形象图反映出该地远古时期生活的先民族属,这对于研究该地民族迁徙、民族文化交流有着非凡的意义。

第十二节 靖远县岩画

靖远县位于甘肃中部,地处白银市东部,位于黄河上游,是丝绸之路的重镇要道,东北临宁夏回族自治区,东南接会宁县,西南邻兰州市榆中县和白银区,西北连景泰县。全县属陇西黄土高原的北部边缘,为第四纪黄土覆盖层和石炭纪地质,境内地势呈西高东低,行政区面积5809.4平方千米,管辖18个乡镇。该区域属温带半干旱气候,冬春干燥寒冷,风沙大,夏秋季降水略多。旱灾、风灾是该地区的主要气候灾害,因干旱少雨,植被稀疏,主要有碱柴等低矮灌木和多根葱(羊胡子)、猪毛菜(芨蓬)等草本植物。周围有野生动物岩羊、野兔、黄鼠狼、蜥蜴等出没。

靖远县不仅是历史名城,而且还是文化大县,既有黄河文化、丝路文化,又有大量的岩画。目前,靖远县境内共发现岩画遗存点7处:刘川乡吴家川村吴家川岩画、糜滩镇碾湾村信猴沟岩画、糜滩镇碾湾村小沙沟岩画、三滩乡朝阳村水沟道经湾岩画、三滩乡新田村大兵道岩画、石门乡小口村石羊滩岩画、三滩乡中二村山水沟岩画。这7处岩画可识别的单体图像有300多个。从岩画数量上看,也是甘肃省黄河流域岩画中比较重要的一个分支(见图3.12.1)。

一、吴家川岩画

吴家川岩画位于靖远县刘川乡吴家川村北一带,距离靖远县40千米,于1976年由兰州大学地理系师生首次发现。岩画遗存点地处三滩乡中二村与刘川乡吴家川村的交界处陈家沟,国道109线北800米处。周围群山环绕,丘陵高低起伏,多被雨水冲蚀成沟槽状,地表沙化严重,土壤碱性大,

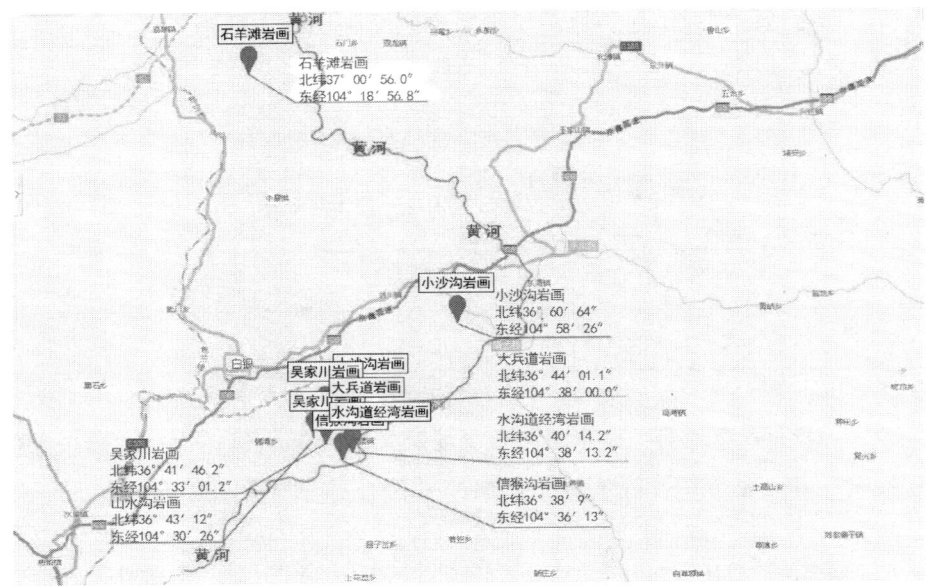

图 3.12.1　靖远县岩画地点分布位置图

属河床砂砾层和红砂岩体地貌。岩画遗存点东为稀土公司厂区,南为甘肃稀土公司福利区,北为沟壑山丘。

吴家川岩画琢刻在一座巨大的粗质山丘上部的红砂岩断面之上,由于风化断裂的原因,目前山体断裂分成两段,岩画琢刻在东西两壁之上。图像分布面积约 9 平方米,岩画所在整个山体岩面约 60 平方米。岩画图像以磨刻法制成。岩画 GPS 坐标点为北纬 36°41′46.2″,东经 104°33′01.2″,海拔 1528 米。该岩画点四周无人居住,只有一间砖厂,砖厂在此处常年取土烧砖,岩画山体遭到严重破坏,导致岩画大部分已经脱落,大部分图像已随山体剥落,现存图像比较模糊。另外,岩画所在岩体为红砂岩,石质松软,风化侵蚀速度较快,再加上长年的风雨剥蚀、年久失修及后人乱刻乱画,这些都是岩画被损毁、破坏的重要原因(见图 3.12.2)。东壁岩画中图像题材有羊、鹿、马、全身人像(见图 3.12.3);西壁岩画中图像题材主要表现为骑马者、羊、鹿(见图 3.12.4)。

第三章
甘肃岩画图像内容及分布情况

图 3.12.2　靖远县吴家川岩画山体全景

图 3.12.3　靖远县吴家川东壁画面 1　　　图 3.12.4　靖远县吴家川西壁画面 2

　　吴家川岩画图像线条简单，造型比较粗犷。另外，吴家川岩画附近的张家台子岩画在 2003 年修建刘（寨柯）白（银）高速公路时被埋于土下，现已无踪影。

二、信猴沟岩画

信猴沟岩画位于甘肃省靖远县糜滩乡碾湾村，2018年2月由碾湾村当地的两位牧羊人武永亮和詹玉龙发现并报告县博物馆。这是迄今为止靖远县境内发现的第七处岩画遗存点。

信猴沟岩画位于甘肃省白银市靖远县糜滩镇碾湾村信猴沟沟内。靖远县位于甘肃省中部，地处黄河上游。糜滩镇原名糜子滩位于靖远县北部，是景泰县原县城旧址，东临黄河，西接一条山镇，南依米家大山，北靠五佛乡。芦阳镇地势呈西高东低属山区丘陵地带，山大沟深，地形较为复杂多样，全镇平均海拔1500米，地下水丰富。全镇境内土地总面积153.15平方千米，耕地面积25400亩，居民以种植小麦、玉米、水稻、大棚蔬菜为主业，同时兼营小群畜牧养殖。信猴沟岩画点位于碾子湾坪北端的信猴沟内，距靖远县城直线距离12千米，GPS坐标点为北纬36°38′9″，东经104°36′13″，海拔1510米（见图3.12.5）。信猴沟是一条南北走向的山沟，从沟口向北行进约2千米到达岩画点，沟内丘陵起伏，沟壑纵横，红砂岩山体，岩画坐落在距沟底2~5米的石崖断面上。岩画遗存点四周无人居住，处于禁牧区域之内。

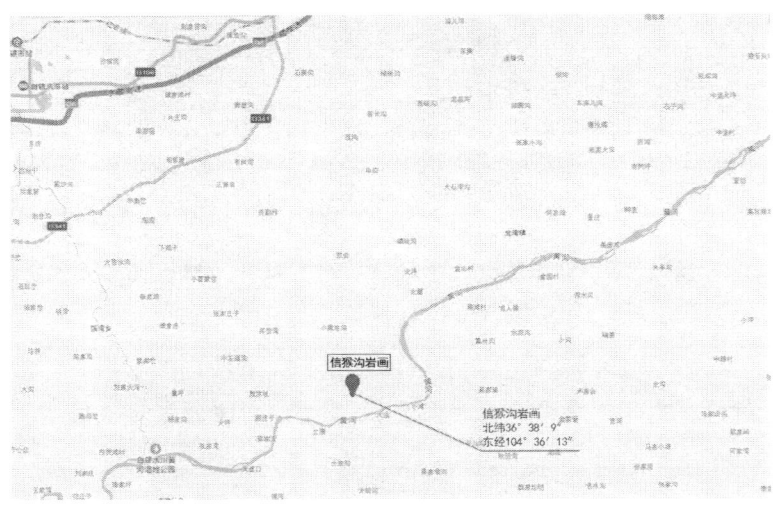

图3.12.5　靖远县信猴沟岩画地点分布位置图

第三章
甘肃岩画图像内容及分布情况

信猴沟岩画分布较为集中，所有图像都集中在一座山丘的峭壁之上，该处共发现岩画5幅，共有75个图像。岩画所在岩面都是不规则长方形，根据山体由西向东的走向，顺序将这5幅岩画编号为1号画面至5号画面（图3.12.6）。5幅图像用敲琢法、线刻法、磨刻法制成，琢点均匀繁密，线条流畅，并采用剪影式和线条式两种表现方法，附有岩画图像的岩体为红砂岩。

图3.12.6　靖远县信猴沟岩画全景

1号画面所在岩石岩面尺寸宽1.5米，高1.4米，距地面高约2.5米，岩面朝西。1号画面共计18个图像，包括北山羊10只（西伯利亚北山羊Capra sibirica，亦称悬羊、野山羊、亚洲野山羊）、鹿7只、弓1只，图像之间无叠压打破现象。从构图上看，画面分为4层，上面第一层凿刻有1只北山羊和1只未完成的鹿；第二层凿刻有9只大小不一的北山羊；第三层凿刻有6只鹿；第四层凿刻有1只弓。图像的成像手法采用了敲琢法。1号画面的17个动物的朝向皆一致（向画面左侧），各个首尾相连，凿痕清晰有力度，图像完整（见图3.12.7）。在画面中没有出现大型猛兽，只有动物及人类的狩猎工具，这似乎是向人们展现古人期望能在此获得更多的猎物，或是认为石头有神灵，将食物刻画在山石之上，祈求神灵以后给人们降临更多的食物。

图 3.12.7　靖远县信猴沟 1 号画面

　　2 号画面在 1 号岩画右侧，位置略低于 1 号岩画，距地面 2.2 米。岩面尺寸宽 1.8 米，高 1.5 米，岩面朝南。岩画内容以人物、车辆、动物为题材，共计图像 10 个，包括人 2 个、北山羊 1 只、鹿 3 只、马 2 匹、车 1 辆、不明物 1 个、图像之间无叠压打破现象。在画面中，我们可以发现图像的凿刻手法并不一致：用密集敲琢法表现北山羊和鹿，用敲凿和磨刻的手法表现人物和车辆，刻痕颜色与岩石表面颜色基本一致，从图像的成像手法上看显然不是同一人所为。岩面周边与右侧，有部分岩石脱落，但并未影响图像。在画面上部刻有鹿和北山羊，两只鹿头朝画面右侧，一只北山羊头朝画面左侧；在画面下部刻有车辆，车头朝向画面右侧，两匹马呈对称式排列在车体两侧，两匹马身上都装饰有平行的条状纹饰，车体用三个对称的圆圈和一个交叉的"十"字来表现，车后有一男子，生殖器外露，两腿直立，两条胳膊向两边张开，似正在驾驶车辆，身体呈完全对称状。另外，在车辆的右前方还有一人。这种车辆的表现手法与青海野牛沟的车辆岩画如出一辙（见图 3.12.8）。

　　3 号画面在 2 号岩画右侧，岩面尺寸宽 1.5 米，高 1.4 米，距地面约 5 米，岩面朝东。此幅画面距离地面较远，并且画面前方已经无法站人。由此可以看出，此处山体环境已经发生了较大的变化。画面中有北山羊一大一小

第三章
甘肃岩画图像内容及分布情况

图 3.12.8　靖远县信猴沟 2 号画面

两只　两只羊尾相对，大羊图像尺寸为 22 厘米×21 厘米，小羊图像尺寸为 12 厘米×19 厘米。图像用密集敲琢法来表现，但凿痕较浅（见图 3.12.9）。

图 3.12.9　靖远县信猴沟 3 号画面

号画面在 3 号岩画右侧，岩面尺寸宽 2 米，高 1.56 米，距地面约 4.5 米，岩面朝西。岩画内容以动物为题材，共计图像 18 个，包括人 2 个、北山羊 9 只、鹿 6 只、狼 1 只，整幅画面都用敲琢法表现人和动物，刻痕颜色与岩石表面颜色基本一致，图像之间无叠压打破现象。画面左上方的一只狼是采用磨刻手法成像，从狼的图像上可以看出，古人用石质或金属工具反复磨刻，磨痕断面呈光滑的"U"形槽，磨痕较浅，宽度约 2 厘米。虽然用线条造型，但由于反复来回磨刻，使线条丧失了原来的流畅感，图像较为呆板。画面中间表现的是猎鹿场景，两人持弓相对，中间一只鹿。画面下方一大一小两只鹿用线刻法成像，刻痕断面呈"V"形槽，刻痕较深，宽度 1～1.5 厘米，利用双勾线来表现鹿的轮廓。两只鹿在表现手法上一致，鹿周围的羊全部采用敲琢法完成。从这幅画面的图像成像手法上看，有磨刻法、线刻法、敲琢法三种，手法多样，可以看出是由不同时期不同先民共同参与最终完成的（见图 3.12.10）。

图 3.12.10　靖远县信猴沟 4 号画面

5 号画面在 4 号岩画右下方，岩面尺寸宽 1.4 米，高 1.6 米，距地面约 1.8 米，岩面朝西。岩画内容以动物题材为主，共有 27 个单体图像，包括北山羊 13 只、鹿 12 只、马 1 匹、人 1 个，图像全部以敲琢法成像。其中，11 只鹿用线条法表现，1 只未完成的鹿用剪影式表现；13 只北山羊和人、马都用剪影式表现。凿痕颜色与岩石表面颜色基本一致，图像之间无叠压打破现象。画面中鹿的画法显然不同于前面几幅岩画中出现的鹿的画法，鹿的身体、颈部、尾部、腿部以及鹿角均由直线组成，线条较细，造型略微呆板。这 11 只鹿的头皆朝向画面右侧，另外 13 只羊的头皆朝向画面左侧。岩面左下方有部分剥落，对画面中的图像造成了一定程度的影响（见图 3.12.11）。

图 3.12.11　靖远县信猴沟 5 号画面

5 号画面中车辆的表示很有意思，两匹马背对背呈对称式排列在车体两侧，马身上都刻有条状纹饰，用一个大圆圈表示车身，用两个对称的圆圈表示车轮（见图 3.12.12），两只牲畜、双轮、单辕、一舆，这种表示法与哈萨克车类岩画风格很类似。这种表现车辆的画法在青海省野牛沟中也出现过（见图 3.12.13），我们可以看到，除了车体两侧的牲畜不同以外，其余部位几乎一致，甘肃靖远信猴沟与青海野牛沟在地理位置上相距甚远，但是在表示车辆的透视上是一致的，两地古人都采取了这种"平面式的求全法"。这种画法不会遮挡任何部分，完整无缺地展示了整个车辆。在当时无法交流沟通的情况下，却展现了一样的画法，这也许就是人类审美的共性。

图 3.12.12　靖远县信猴沟车辆岩画

图 3.12.13　青海省野牛沟车辆岩画

在 4 号画面中有两只造型独特的鹿,这两只鹿的线条流畅生动,在鹿角部位做了较大的夸张,并向身后延伸,鹿的身体有涡旋纹装饰,直腿、立足、尖蹄,在动态上表现出轻盈感。从身体上的涡旋纹和夸张的鹿角、尖蹄以及双勾轮廓线上看,明显具有比较典型的中亚/北方草原岩画风格(如饰横"S"形纹)。从鹿的刻痕上看,刻痕断面呈"V"形槽,且刻痕较深,古人应该采用了比较尖锐的金属工具,这要比同画面中其他用磨刻法刻绘的图像在时代上晚很多。

在岩画东面约 100 米处有一处祭坛遗址,祭坛是由许多巨大的石块堆砌而成,祭坛直径约 4 米,这里应该就是古人祭祀的一个重要场所。这样有力地证明了信猴沟岩画为什么只是集中分布在一座山体的崖壁上,而不像甘肃其他地方的岩画那样分散地遍布在整条山谷之中,古人将动物刻画在此,通过祭祀,祈求今后可以获得更多的猎物。

三、水沟道经湾岩画

水沟道经湾岩画位于靖远县三滩镇朝阳村樊家大山西北水沟东南道经湾,北距朝阳村委会约 7 千米,岩画 GPS 坐标点为北纬 36°40′14.2″,东经 104°38′13.2″,海拔 1482 米(见图 3.12.14)。周围群山环绕,丘陵高低起伏,被雨水冲蚀成沟槽状,地表沙化严重,土壤碱性大,属河床砂砾层和红砂岩体地貌。琢刻有岩画的岩石是从半山腰跌落在沟底的,岩石断面风化碱蚀较严重,这块大石头呈上宽 3.4 米、下宽 1.05 米、高约 2.25 米的不规则扇面形,整体岩画面积约 5 平方米。岩面上有两只奔驰追逐的麒麟,一只身长 77 厘米,高 68 厘米;另一只身长 80 厘米,高 95 厘米。由左向右前后嬉戏,昂首阔步,形象生动。在后面的那只麒麟身体下端阴刻有"奉天敕"等楷书文字(见图 3.12.15)。另外,在道经湾西北半山腰岩石断面上,发现有毛笔篆书题字两行,共 14 个字,横行排列,单体篆字高 21 厘米,宽 14 厘米,字体工整,笔力遒劲。据说二十世纪四五十年代当地村民放牧时就已发现此画,文物普查队普查考察初步认定为民国末年的遗存。从两个图像的琢痕上分析,图像应该是由金属工具凿琢刻成,琢有岩画图像的岩体为红砂岩，画遗存形式为旷野大石岩画。

图 3.12.14　靖远县水沟道经湾岩画全景

图 3.12.15　靖远县水沟道经湾岩画

四、大兵道岩画

大兵道岩画位于三滩镇新田村北 1.5 千米，西距吴家川岩画约 12 千米，北距靖远县城 30 多千米，四周均为红砂石岩丘，岩画 GPS 坐标点为北纬 36°

44′01.1″，东经 104°38′00.0″，海拔 1384 米（见图 3.12.16）。大兵道沟长 50 多千米，沟内有一条沙河，雨季时河内水量较大，从东向西最终流入黄河。沟内还有近万亩旱地，由于沟内是盐碱地，旱地产量较低，再由于前些年沟内开山取石，对周围环境影响较大。另外，沟内常年流淌着一条西北流向的甘肃九〇三稀土公司废水渠，所以沟内的旱地早已经荒废。琢有岩画的山体是红砂岩，比较软，再加上日晒、雨水的冲刷，岩画已大面积脱落，许多图像模糊不清了。沟内除了岩画之外，还有古墓群、烽火台以及古窨子。该处岩画共发现 3 个画面，共有 32 个图像。将这 3 个画面由东向西编号为 1 号画面至 3 号画面。图像均用敲琢法制成，琢点均匀密集。琢有岩画图像的岩体为红砂岩，岩画遗存形式为露天崖壁岩画。该处岩画图像题材主要有羊、鹿、马、全身人像。岩画遗存现状整体保存较差。

图 3.12.16　靖远县大兵道沟口全景

岩画刻于由西向东三处粗质山丘上半部的红砂岩断面上，总计面积约 30 平方米。其中 1 号画面所在岩石岩面尺寸宽 5 米，高 2 米，山体坐落在沟底的沙河之上，岩面朝东南，此岩面受自然因素影响较大，大多数图像已经模糊不清，能够识别的图像有 5 个，即羊 2 只、鹿 2 只、狼 1 只（见图 3.12.17）。

图 3.12.17　靖远县大兵道 1 号画面

2 号画面所在岩石岩面尺寸宽 2.1 米，高 2 米，岩面长 5 米，坐落在沟底黄河之上，岩面朝南，此岩面受自然因素影响较大，大多数图像已经模糊不清，能够识别的图像的内容以动物为主，有图像 11 个：羊 5 只、马 5 匹、人 1 个。其中，画面中间最大的一匹马尺寸为 60 厘米 ×40 厘米（见图 3.12.18）。

图 3.12.18　靖远县大兵道 2 号画面

3号画面所在岩石岩面尺寸宽1.5米，高1.7米，画面距沟底1.5米，岩面朝南，此岩面受自然因素影响较大，岩面周围已经脱落，周边的图像已经模糊不清，能够识别的图像有16个：羊15只、马1匹（见图3.12.19）。

图 3.12.19　靖远县大兵道3号画面

三幅岩画均以磨刻和琢刻手法制成，技法和造型与1976年发现的吴家川岩画相似。三滩大兵道一带临近靖远刘川乡吴家川，为古代游牧区，是研究甘肃黄河流域先民生产生活与历史文化的珍贵资料。

五、小沙沟岩画

小沙沟岩画位于靖远县糜滩镇碾湾村小沙沟沟口，岩画GPS坐标点为北纬36°60′64″，东经104°58′26″，海拔1455米（见图3.12.20）。2014年由碾湾村当地的两位牧羊人武永亮和詹玉龙发现并报告县博物馆。岩画遗存点位于靖远县城西北方向12.8千米处，从小沙沟沟口步行约3千米到达岩画点，沟内有一条东西流向的干枯沙河，岩画由东向西依次分布在距沙河河床1米的石崖上。该处岩画共发现8个画面，共有105个图像。根据从东向西的顺序，这8个画面编号为1号画面至8号画面。图像均用敲琢法、磨刻法制成，琢点均匀密集，磨痕深浅不一。琢有岩画图像的岩体为泥岩，由于泥岩较松软，岩面受自然侵蚀较严重，图像整体保存不好。此处岩画遗存形式为露天崖壁岩画。此处岩画图像题材主要有羊、骆驼、鹿、人像等。

图3.12.20　靖远县小沙沟岩画山体全景

其中，1号画面所在岩石岩面尺寸宽3.85米，高2.8米，岩石坐落在山崖最下方，岩面朝向东南，清晰可辨认的图像共31个。图像题材有人像4个、鸟3只、马3匹、羊10只、骆驼1头，不明物10个。所有图像均用密集敲琢法成像，图像琢痕颜色与岩石表面颜色基本一致，琢点精细均匀，图像与图像有叠压覆盖现象，造型方法是线条式。画面左边刻有三只体型较大的鹿。其中最大的一只公鹿尺寸为45厘米×55厘米。画面中间的全身人像尺寸为38厘米×54厘米。画面上方有人用铅笔书写了文字，画面左下方受风化影响，部分岩石已经脱落，对画面图像造成了影响（见图3.12.21）。

2号画面所在岩石岩面位于1号画面右侧，岩石坐落在山崖最下方，岩面朝向东南，岩面尺寸宽3.5米，高3.2米，清晰可辨认的图像共16个。图像题材有全身人像6个、羊9只、符号1个（见图3.12.22）。其中，画面右侧有两名女性在对舞，位于左侧的人物尺寸为65厘米×25厘米，位于右侧

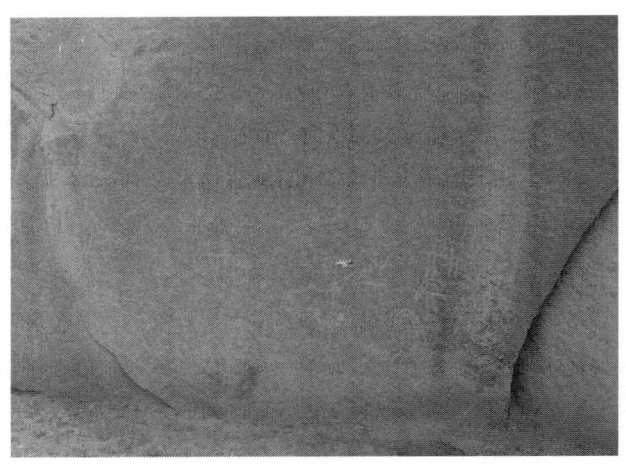

图 3.12.21　靖远县小沙沟 1 号画面

的人物尺寸为 50 厘米×33 厘米（见图 3.12.23）。在画面中间有两个全身人像，其中一人双手上扬双腿分开直立，一人倒地（见图 3.12.24）。所有图像均用密集敲琢法成像，图像琢痕颜色与岩石表面颜色基本一致，琢点精细均匀，图像与图像之间有叠压覆盖现象，造型方法是线条式。画面受到风化影响，部分图像已经模糊不清。

图 3.12.22　靖远县小沙沟 2 号画面

图 3.12.23　靖远县小沙沟 2 号画面局部 1

图 3.12.24　靖远县小沙沟 2 号画面局部 2

六、石羊滩岩画

石羊滩岩画位于靖远县城西北方向 89 千米处石门乡小口村黄河东岸石羊滩，岩画 GPS 坐标点为北纬 37°00′56.3″，东经 104°18′56.8″，海拔 1334 米（见图 3.12.25）。凿有岩画的岩石散落于石门乡小口村黄河边上，属冰川飘石，据当地人说"石羊滩"的名称便由此而来，看来此处岩画年代久远了。该处岩画共发现 29 个画面，每块岩石尺寸都较小，岩石断面皆已风化碱蚀严重，共有 89 个图像。将这 29 个画面编号为 1 号画面至 29 号画面。图像均用敲琢法制成，琢点均匀密集。琢有岩画图像的岩体为砂岩，岩画遗存形式为冰川飘石岩画。图像题材主要以羊、鹿为主，有少量狩猎图（见图 3.12.26～图 3.12.29）。由于岩石体积较小，又散落在黄河岸边，受自然侵害较大，如果还不及时保护，被人为破坏的可能性更大。

图 3.12.25　靖远县石羊滩岩画全景

图 3.12.26　靖远县石羊滩岩画 1 号画面

第三章
甘肃岩画图像内容及分布情况

图 3.12.27　靖远县石羊滩岩画 4 号画面

图 3.12.28　靖远县石羊滩岩画 12 号画面

图 3.12.29　靖远县石羊滩岩画 27 号画面

七、山水沟岩画

山水沟岩画位于靖远县刘川乡吴家川山水沟内,岩画 GPS 坐标点为北纬 36°43′12″,东经 104°30′26″,海拔 1610 米(见图 3.12.30)。该处岩画共发现 3 个画面,将这 3 个画面编号为 1 号画面至 3 号画面,图像均用敲琢法制成,琢点密集均匀、深浅不一,岩石断面风化碱蚀严重。琢有岩画图像的岩体为砂岩,岩画遗存形式为崖荫岩画,这种崖荫,当地人称之为"拉牌",这是风沙对地表物质及基岩的吹蚀和磨蚀现象,属于风蚀地貌中的一种。这是甘肃省唯一一处崖荫岩画。图像题材主要以羊、鹿为主,有少量狩猎图。

图 3.12.30　靖远县山水沟岩画 1 号画面全景

1 号画面所在岩石岩面尺寸上宽 2.5 米,下宽 1.63 米,高 0.75 米,距沟底高约 13 米,岩面朝东,倾角 125°。1 号画面共计 20 个图像,包括北山羊 8 只、鹿 8 只、全身人像 1 个、抽象符号 3 个,图像之间无叠压打破现象。图像的成像手法采用了敲琢法。画面中的 8 只北山羊和 6 只鹿皆朝向画面左侧,另外 2 只鹿朝向画面右侧,各个动物首尾相连,琢痕清晰有力度,图像较完整(见图 3.12.31)。

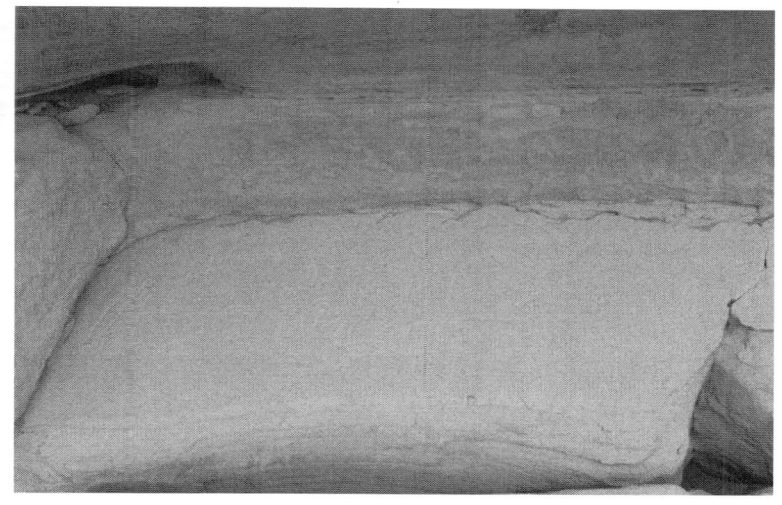

图 3.12.31 靖远县山水沟岩画 1 号画面

2号画面所在岩石图像敲琢在一块巨石之上,遗存形式属于旷野大石岩画,画面中仅有 1 个图像,即北山羊 1 只,所在岩面尺寸宽 1.8 米,高 3.2 米,图像距离地面 0.7 米,岩面朝西。图像的成像手法采用了敲琢法,凿痕清晰有力,图像未受到任何人为破坏(见图 3.12.32)。

图 3.12.32 靖远县山水沟岩画 2 号画面

3号画面所在岩石岩面整体呈不规则长方形，尺寸宽2.2米，高1.4米，距地面高约15米，岩面朝东南。画面中共计8个图像：北山羊4只、犬3只、疑似动物1只。图像之间有轻微叠压打破现象，但从成像手法与琢痕上分析，可以看出鹿与犬之间的叠压是绘画者一人所为。图像的成像手法采用了敲琢法。画面上部被后人不断描摹，对原有图像造成了一定程度的破坏（见图3.12.33）。

图3.12.33　靖远县山水沟岩画3号画面

靖远县的岩画遗存形式共三种：露天崖壁岩画、崖荫岩画和旷野大石岩画。其中，露天崖壁岩画5处，崖荫岩画1处，旷野大石岩画1处。信猴沟岩画、大兵道岩画、棉纱湾岩画、野麻滩岩画、小沙沟岩画属于露天崖壁岩画，即在旷野露天的山体崖壁上凿刻形成的岩画；山水沟主体岩画属于崖荫岩画；石羊滩岩画是敲琢在冰川飘石之上，属于旷野大石岩画。甘肃省黄河流域的大山岩体除了砂岩以外，还出现了砂质比较细腻的红砂岩和泥岩，这种岩体是黄河流域独有的，在河西走廊山区没有这种岩体。从岩体的情况看，岩画图像全部都琢刻在黄河流域独有的细腻红砂岩之上；从地理环境及遗存分布看，信猴沟岩画距离靖远县吴家川岩画、景泰县尾泉沟岩画比较近，在图像的绘画风格上与靖远县的吴家川岩画、大兵道岩画、小沙沟岩

第三章
甘肃岩画图像内容及分布情况

画、上水沟岩画相似,因此它们应是同一地域文化的代表。另外,靖远县与景泰县、平川区相邻,在地理环境、岩画内容、图像制作等方面有诸多相同之处,所以靖远县岩画应归于甘肃黄河流域岩画。

第十三节　平川区岩画

平川区位于白银市中部偏北,是白银市的一个管辖区,距离白银市93千米,东接会宁县,南、北与靖远相连,西连景泰县,境内地势东南高、西北低。目前,境内发现岩画遗存点4处:棉纱湾岩画、野麻滩岩画、小黄湾岩画、井儿川岩画(见图3.13.1)。

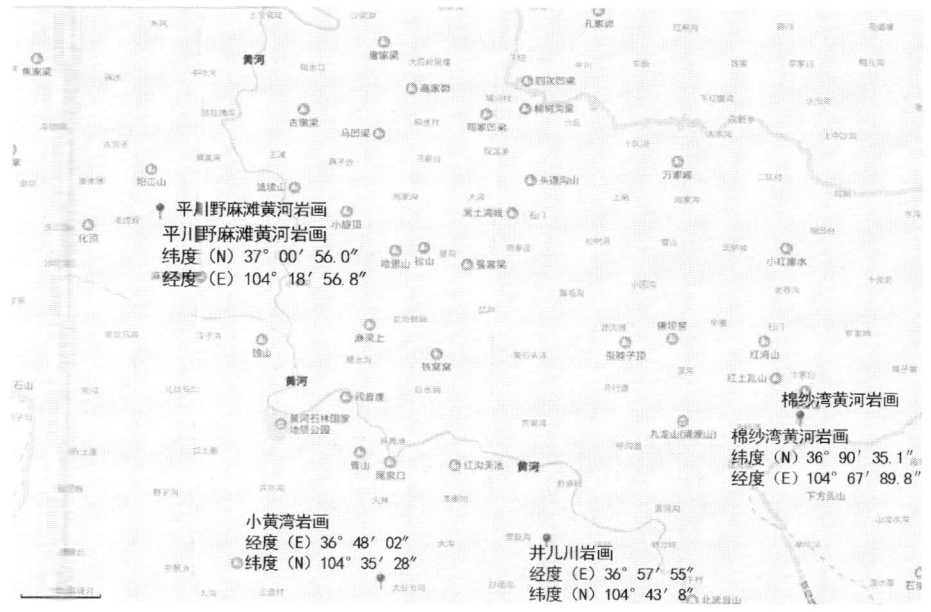

图 3.13.1　平川区岩画地点分布位置图

一、棉纱湾岩画

棉纱湾岩画位于白银市平川区水泉镇下村，地处黄河红山峡谷黄河东岸边山崖上，米家山脉大浪山东麓。岩画 GPS 坐标点为北纬 36°90′35.1″，东经 104°67′89.8″，海拔 1456 米（见图 3.13.2）。岩画琢刻于公路旁距地面 10 米高的泥岩上，只发现一个画面，岩面尺寸宽 7.5 米，高 2 米，岩面朝西，共计 23 个图像。图像均用敲琢法和磨刻法制成，琢点均匀密集，磨痕深浅不一。该处岩画图像题材有动物 7 个、全身人像 1 个、手印 4 个、人面 2 个、器物 3 个、不明物 6 个。画面被中间一个半身人体像分为左、右两部分，凿有岩画的岩石下部已风化，有残缺不全、无法辨认的图像数个（见图 3.13.3～图 3.13.6）。岩画遗存点附近无人居住，但由于开山采石活动较多，此块岩石已被烈火焚烧取石，岩画图像坏损严重，岩石整体保存较差。2010 年，棉纱湾岩画与野麻滩黄河岩画一起经平川区人民政府公布为区级文物保护单位；2014 年经白银市人民政府批准被列为市级文物保护单位；2016 年被甘肃省人民政府列为省级文物保护单位。

图 3.13.2　平川区棉纱湾岩画山体全景

第三章
甘肃岩画图像内容及分布情况

图 3.13.3　平川区棉纱湾岩画

图 3.13.4　平川区棉纱湾岩画局部 1

图 3.13.5　平川区棉纱湾岩画局部 2

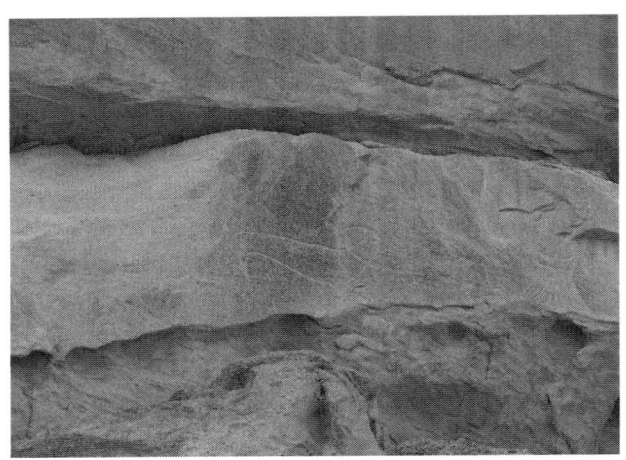

图 3.13.6　平川区棉纱湾岩画局部 3

二、野麻滩岩画

野麻滩岩画位于平川区水泉镇野麻村，地处黄河红山峡谷黄河西岸的山崖上，GPS 坐标点为北纬 37°00′56.0″，东经 104°18′56.8″，海拔 1437 米。岩画琢刻于距地面 20 米高的红砂岩上，只发现一个画面，岩面尺寸宽 7.5 米，高 4.4 米，岩面朝南，总计有 24 个图像，图像均用敲琢法制成，琢点均匀密集。该处岩画图像题材有人物 14 个、马 9 只、疑似器物 1 个。其中，人面 6 个，全身人像 8 个。由于年代久远，这幅岩画前面的地方已经窄得无法让人站立，且距离地面也较高，所以保存非常好。2010 年，野麻滩黄河岩画经平川区人民政府公布为区级文物保护单位；2014 年经白银市人民政府批准，野麻滩黄河岩画被列为市级文物保护单位；2016 年被甘肃省人民政府列为省级文物保护单位（见图 3.13.7、图 3.13.8）。由于画面距离地面较高，且山势陡峭，路人难以攀爬，所以岩画整体保存较好。

图 3.13.7　平川区野麻滩岩画山体全景

图 3.13.8　平川区野麻滩岩画

三、小黄湾岩画

小黄湾岩画立于平川区水泉镇小黄湾村，GPS 坐标点为北纬 36°48′02″，东经 104°35′28″，海拔 1328 米。岩画图像敲琢在黄河西岸小黄湾古村落鹯阴古城景区内的山崖上，此处共发现 4 个画面，图像均用敲琢法制成，琢点均匀密集。图像题材主要有羊、鹿、抽象符号。由于岩画遗存点地处较偏僻，交通不便，图像保存较好（见图 3.13.9）。

图 3.13.9　平川区小黄湾岩画——鹿图像

四、井儿川岩画

井儿川岩画位于平川区王家山镇井儿川村北部后卷沟内，GPS 坐标点为北纬 36°57′55″，东经 104°43′8″，海拔 1863 米。沟内有一条干枯的河道，岩画琢刻在沙河一侧的红砂岩崖壁之上，图像均用敲琢法和磨刻法制成，琢点均匀密集，磨痕深浅不一。该处岩画图像题材主要以羊为主。由于受风吹日晒雨淋影响，图像已模糊（见图 3.13.10 ~ 图 3.13.12）。

图 3.13.10　平川区井儿川岩画山体全景

第三章
甘肃岩画图像内容及分布情况

图3.13.11　平川区井儿川岩画——鹿图像

图3.13.12　平川区井儿川岩画——羊图像

甘肃省黄河流域的大山岩体除了砂岩以外，还出现了红砂岩和泥岩，这种岩体是黄河流域独有的，在河西走廊山区是没有这种岩体的。所以根据岩体的情况分析，研究岩画图像的琢痕，发现黄河流域岩画成像的方法可归纳为三种形式：第一种为敲琢法，是用尖锐类工具在岩面上垂直敲琢出点状凹痕，以形成各种图像，这种成像方法主要在黄河流域周围的砂岩上广泛使用。第二种为磨刻法，以尖锐工具在岩面上反复刻磨出宽窄、深浅不同的线条，用以勾画图像的轮廓及细小部位。这种方法往往是先用敲琢法凿出图像的外轮廓，在此基础上，用工具反复磨划、加深线条。这种成像方法主要在黄河流域周围的红砂岩和泥岩上广泛使用，由于红砂岩和泥岩硬度较低，用尖锐工具来回在岩石表面磨刻，就可以快速得到一个图像。但是这种磨刻法刻画出来的线条没有弹性，使图像往往不太生动，这是由于来来回回摩擦，造成线条失去原本的流畅感，所以与线刻法成像的图像比起来，它要呆板许多。第三种为线刻法，在黄河流域周围的泥岩上出现了这种线刻法。因为泥岩硬度较低，用这种成像方法刻成的图像造型比较生动，能够很完美地展现事物的轮廓，比如靖远信猴沟岩画中出现的鹿的图像。

第十四节　榆中县岩画

　　榆中县青城镇麋鹿沟岩画于2015年由当地牧民高永祥首次发现，这是迄今为止兰州市境内发现的唯一一处岩画遗存点，填补了兰州市岩画空白，丰富了河西走廊岩画以及甘肃境内黄河流域岩画的内容，此处共发现岩画9幅，一共147个单体图像。

　　榆中县隶属于兰州市，地处甘肃东部，青城镇位于兰州市榆中县北部，曾是古丝绸之路的重镇，是甘肃四大古镇之一。榆中县东临定西市，南依临洮县，西接永靖县，北连皋兰县。全县地形复杂多样，境内地势南高北低，南部高山区地带，丛林茂密，畜牧业发展繁荣；中部为低洼地貌，适合发展农业；北部属干旱低山区，全县属大陆性气候，四季分明，主导产业为农业，农作物主要有马铃薯、玉米、蔬菜。青城古镇现已开发成旅游景区，由于全镇农作物物产丰富，所以镇上部分居民在古镇经营"农家乐"。麋鹿沟岩画遗存点位于兰州市榆中县青城镇苇茨湾村麋鹿沟石崖上，在苇茨湾村东15千米处。岩画坐落在麋鹿沟的一条叉沟沟口两边2.6~15米的崖壁上。此处岩画距沟底有一段距离，多幅岩画前的地方已经窄得无法让人站立。有些岩画可能在不同时代被古人多次敲凿创作，有些图像之间存在重叠叠压现象，证明古人有在此处作画描摹的习惯。麋鹿沟岩画GPS坐标点为北纬36°29′56.76″，东经104°17′90.46″，海拔1470米（见图3.14.1）。沟内岩画保存一定，受自然因素影响较大，一部分图像已经模糊不清，无人为破坏现象。

图 3.14.1　榆中县麋鹿沟岩画地点位置图

麋鹿沟岩画分布较为集中，所有图像都集中在麋鹿沟的一条叉沟沟口两边的峭壁之上（见图3.14.2），目前共发现岩画9幅，单体图像共147个。根据从南到北的方向，顺序将这幅岩画编号为1号画面至9号画面。所有图像均以琢刻手法敲凿而成，琢点均匀繁密，技法细腻，笔法生动。岩画岩体为砂岩。

图 3.14.2　榆中县麋鹿沟岩画全景

1号画面所在岩石岩面尺寸宽1.03米，高0.89米，可辨认的图像共4个。岩画所在岩石岩面距离沟底2.6米，岩面朝西，图像是4个文字。画面中的三个字能辨认，还有一个字由于受到风吹、雨淋、暴晒等自然因素的侵蚀，已经无法确认。能够辨认的文字是"講""正""堂"。其中"講"字位于画面右边，单独一列，"□""正""堂"在画面右边成为一列（见图3.14.3）。

图3.14.3　榆中县麋鹿沟1号画面

2号画面所在岩石岩面尺寸宽1.98米，高1.70米，清晰可辨认的图像共22个。岩画所在岩石岩面距离沟底3米，岩面朝西，清晰可辨认图像有：文字8个；雍仲符号1个；虎（豹）2只、牦牛1只、马2匹、羊4只、人2个、不明物2个。画面中的9个动物头部的朝向有左有右，多数朝向画面左侧，两只虎（豹）形体直立，头朝向画面左侧，身体上刻有条状斑纹。能够辨认的文字是：王（2个）、天、上、云、八、子、丰。文字与动物图像之间有叠压重叠现象，应该是由不同时代、不同先民多次刻画而成，文字打破了动物图像，叠压在动物图像之上，所以文字是后人后刻上去的。从文字的刻痕上看，是先琢刻后磨刻，所有动物图像均用密集敲琢法以线条造型，阴线宽1~2厘米。岩石部分脱落，对画面图像造成一定影响（见图3.14.4）。

第三章
甘肃岩画图像内容及分布情况

图 3.14.4　榆中县麋鹿沟 2 号画面

　　2 号画面所在岩石岩面尺寸宽 3.1 米，高 2.1 米，清晰可辨认的图像共 24 个。岩画所在岩石岩面距离沟底 3.8 米，岩面朝西，清晰可辨认图像题材有羊 8 只、狼 5 只、马 1 匹、牦牛 2 只、人 1 个、不明物 7 个。画面中动物头部朝向有左有右，形体都直立表现。岩面中间部位被腐蚀风化严重，对画面图像造成了影响，从受损痕迹来看，应该是受自然影响，无人工破坏痕迹。整幅画面的构图较乱，图像与图像之间没有秩序感，但是图像之间无叠压重叠现象，从动物的形态表现手法上看，这些图像出自不同的人之手。此幅岩画的前面过窄，已经无法站立人，应该是环境发生了较大的变化（见图 3.14.5）。

　　4 号、5 号画面所在两块岩石左右相连，距离沟底 15 米左右，岩画下面无法攀爬站立，两幅岩面面朝东北。图像题材主要是羊，其中 4 号岩画凿刻了 5 只羊，5 号岩画凿刻了 2 只羊。由于距地面较高，无法攀爬，故无人为破坏现象，保存完整（见图 3.14.6）。

图 3.14.5　榆中县麋鹿沟 3 号画面

图 3.14.6　榆中县麋鹿沟 4 号、5 号画面

6 号画面所在岩石岩面尺寸宽 3.6 米，高 3.1 米，清晰可辨认的图像共 54 个。岩画所在岩石岩面距离沟底 5 米，岩面朝东北方向，清晰可辨认的图像题材以动物为主：狼、虎（豹）、羊、鹿。在画面中上部琢刻有好几只食肉性动物——虎（豹）、狼，在画面周围琢刻了许多食草性动物——羊、鹿。从动物形态的表现手法上可以看出，图像出自不同的人之手，而且图像之间叠压重叠现象严重。画面中的所有图像均用密集敲琢法成像，根据每个图像

第三章
甘肃岩画图像内容及分布情况

琢痕与颜色可以分析出有制作时间上的相对早晚关系，图像造型方法均是以线条来表现，阴线宽约 1 厘米，图像琢痕颜色与岩石表面颜色基本一致。此幅岩画受风吹雨淋日晒水浸等自然因素破坏严重，图像受到影响，大部分已经模糊不清（见图 3.14.7）。

图 3.14.7　榆中县麇鹿沟 6 号画面

6 号画面所在岩石岩面尺寸宽 1.1 米，高 0.69 米，清晰可辨认的图像共 14 个。岩画所在岩石岩面距离沟底 4 米，岩面朝东北方向，清晰可辨认图像题材有羊 9 只、涡旋纹 1 个、不明物 4 个。其中，涡旋纹尺寸为 28 厘米 × 18 厘米（见图 3.14.8）。除了 1 只羊头朝向画面右侧以外，其余 8 只羊头全部朝向画面左侧，形体直立，无动态表现。图像之间无叠压重叠现象。画面中的所有图像均用密集敲琢法成像，图像琢痕颜色与岩石表面颜色基本一致。此幅岩画受风吹雨淋日晒水浸等自然因素破坏严重，图像受到一定程度的影响，部分图像已经模糊（见图 3.14.9）。

图 3.14.8　榆中县麋鹿沟 7 号画面——涡旋纹

图 3.14.9　榆中县麋鹿沟 7 号画面局部

第三章
甘肃岩画图像内容及分布情况

□号画面所在岩石岩面尺寸宽 1.5 米，高 1.11 米，清晰可辨认的图像共 1 个。岩画所在岩石岩面距离沟底 3 米，岩面朝东北，清晰可辨认的图像题材只□文字符号 1 个。由于岩石上部风化严重，岩面上琢刻的其他图像已经无法□识，但是能够明显地看出琢刻的痕迹。唯独这个类似文字的符号还能够辨□外观。这个符号图像用密集敲琢法成像，琢痕颜色与岩石表面颜色基本一□，琢点精细均匀，造型方法是线条式（见图 3.14.10）。

图 3.14.10　榆中县麋鹿沟 8 号画面

□号画面所在岩石岩面尺寸宽 1.2 米，高 0.8 米，清晰可辨认的图像共 17 □。岩画所在岩石岩面距离沟底 4 米，岩面朝东南方向，清晰可辨认的图像题□有圆圈 16 个、羊 1 只。16 个圆圈造型雷同，大小接近，直径都在 8～□厘米。这些圆圈图像用密集敲琢法成像，造型方法是线条式（见图 3.1□.11）。

图 3.14.11　榆中县麋鹿沟 9 号画面

麋鹿沟岩画属于露天崖壁岩画，即在旷野露天的山体崖壁上琢刻成的岩画。此处岩画比较集中，全部都分布在叉沟的沟口处，而且岩画都琢刻在距离沟底 2.6～15 米的崖壁上，除了 6 号、7 号、9 号画面前面有一个仅容一人站立的台基外，剩余几幅画面前都无法攀爬站立，可见，随着时间的推移，此处的地形地貌发生了较大的改变。虽然麋鹿沟岩画部分图像之间有重叠覆盖现象，不过多数图像还可以辨识。从图像题材上看主要以动物为主，这些表明麋鹿沟岩画遗存的分布区是古人涉猎、游牧比较频繁的区域。

榆中青城麋鹿沟岩画处于甘肃省黄河流域，从岩画题材和表现手法上看，与白银地区的黄河流域岩画明显有许多相似之处。总体上看，岩画的图像风格、内容和题材与宁夏、内蒙古等邻近地区的北方系统岩画比较接近。

第三章
甘肃岩画图像内容及分布情况

第十五节　甘南藏族自治州岩画

　　甘南藏族自治州属于甘肃省东南部，是甘、青、川三省交汇处。东临肃北蒙古族自治县，其南与四川省阿坝州接壤，西南与青海省黄南州、果洛州接壤。其东部和北部与陇南市、定西市、临夏州毗邻。全州政区面积45000平方千米，常住人口近70万，全州管辖1个市、7个县。玛曲县是甘南藏族自治州管辖的一个县，位于甘南藏族自治州西南部，青藏高原东端、黄河第一弯。东北与本州碌曲县接壤，东南与四川省阿坝州的若尔盖县、阿坝县为邻，西面与青海省果洛州久治县、甘德县、玛沁县毗邻，北接青海省黄南州河南蒙古族自治县。全县行政区面积10190平方千米，常住人口5.7万，有藏族、回族、东乡族、土族、保安族、满族、蒙古族、撒拉族等民族，藏族占全县总人口的大多数。玛曲县管辖2乡6镇，齐哈玛镇是玛曲县面积最大的镇，也是甘肃省最南端的一个镇，区域面积840.6平方千米，东、南、西与四川省阿坝州阿坝县接壤，北与采日玛乡隔黄河相对。截至2021年5月，该镇共5871人，其中藏族5870人，汉族1人。齐哈玛镇所辖5个行政村，分别为国青村、塔哇村、吉勒合村、果擦村、哇尔义村。哇尔义村位于齐哈玛镇西南14千米处，截至2021年5月，有1157人，共202户。

　　甘南藏族自治州目前共发现2处岩画遗存点，即玛曲县哇尔义岩画遗存点、合作市佐盖多玛乡仁多玛村多玛一队的仁多玛岩画遗存点。其中，哇尔义岩画遗存点位于甘南州玛曲县最南端的齐哈玛镇哇尔义村。哇尔义村地处黄河南岸，境内地势西北高东南低，海拔在3500~3800米。属于高原大陆性高寒湿润区气候，高寒少氧、多风多雨雪，日照时间长、紫外线强、雨水集中，水资源丰富，湿地面积大。目前境内仅发现一处岩画遗存点。此处岩画坐落在黄河支流贾气河支流的多钦河北岸，地处哇尔义村和吉勒合村之间村道路基下，属哇尔义村界内，距哇尔义村村民华尔庆牧业点400米，距离齐哈玛镇西南29千米。GPS坐标点为北纬33°51′38.1″，东经101°90′28.1″，海拔 3442.48 米（见图 3.15.1）。

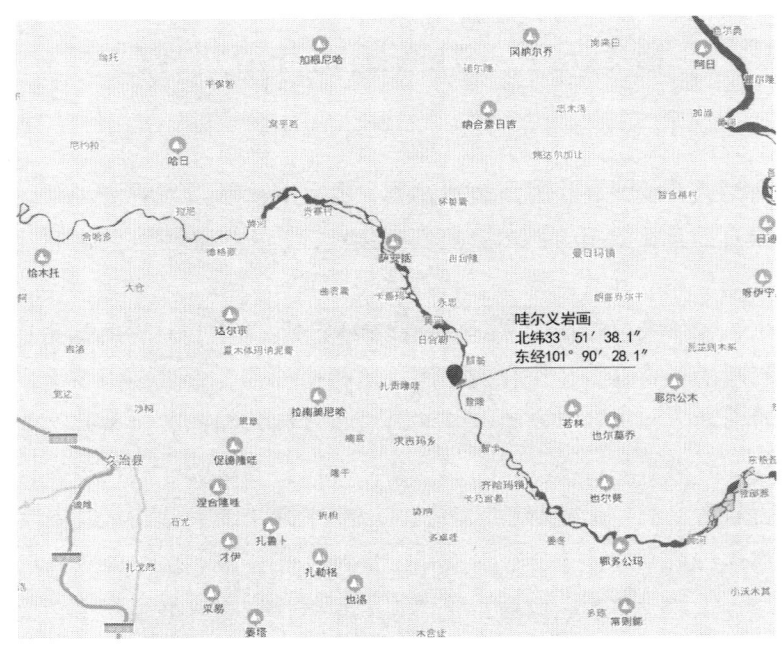

图 3.15.1　甘南州玛曲县齐哈玛镇哇尔义岩画地点分布位置图

哇尔义岩画遗存形式为露天崖壁岩画，岩性为砂岩，岩面因风化呈青黑色，局部有钙质结核层覆盖，长期受风吹日晒雨淋，岩石表皮脱落严重，大部分图像模糊，再加上人为对图像描摹破坏，已经失去了原有的面貌，只有个别几个图像形状可辨，整体保存较差（见图 3.15.2）。该处岩画分布较为集中，所有图像都集中在平坦的峭壁之上，共发现岩画 2 幅，共有 31 个图像。图像均为敲琢法制成，用硬度较高的尖锐工具在岩石表面连续敲击，形成密集的点状琢痕，以密集敲琢而成的线条式造型。

1 号画面所在岩石岩面尺寸宽 2.6 米，高 3.93 米，岩面呈不规则长方形，基本垂直于地面，岩面朝向西南 219°，是两幅岩画中最大的一幅，可分辨的图像共 26 个，图像之间无重叠覆盖现象，文字叠压在图像之上。从图像题材上看有牦牛 2 只、鹿 8 只、马 2 匹，人像 1 个、不明物 13 个、藏文 2 处，这些图像反映了早期游牧民族生活景象。从琢痕情况可以分析出，图像

第三章
甘肃岩画图像内容及分布情况

图3.15.2　甘南州哇尔义岩画

和文字分为三期凿刻而成，其中，牦牛是一期图像，全身人像和鹿是二期图像，马与藏文字属于三期，藏文叠压在人像之上。画面中能够辨识的图像全部被人为描摹，破坏较大（见图3.15.3）。

图3.15.3　甘南州哇尔义岩画1号画面局部

2号画面所在岩石岩面尺寸宽0.75米，高1.1米，岩面呈不规则长方形，基本垂直于地面，岩面朝向西南，距离地面25米。可分辨的图像共5个，图像之间无重叠覆盖现象。从图像题材上看有，人像4个、不明物1个。人像琢痕较浅，岩面受长期风化腐蚀，无人为破坏现象（见图3.15.4）。

图3.15.4 甘南州哇尔义岩画2号画面

哇尔义岩画属于露天崖壁岩画，即在旷野露天的山体崖壁上凿刻而成的岩画。岩画分布比较集中，从图像题材上看主要以鹿为主，没有羊的图像出现。据齐哈玛镇文化分管干事扎西道吉介绍，此处为湿地，不能饲养羊群，比较适合饲养牦牛与马匹，所以在岩画中自然没有羊图像的出现。

哇尔义岩画处于甘肃省黄河流域，地处黄河南岸，青藏高原最东端，此特殊的地理位置使岩画无论是在题材上还是在表现手法、图像风格上，都与白银地区的黄河流域岩画有明显区别，与宁夏、内蒙古等邻近地区的北方系统岩画也有很大差别。

甘肃省黄河流域岩画具有浓厚的北方游牧民族的独特风格和浓厚的地方色彩，岩画中表现最多的是羊、鹿、虎（豹）等动物，说明当时这些动物在这些地方经常出没，见得多，也就刻画得多。猛兽图像不仅形象生动，刻法也粗犷有力，表现了游牧民族的性格，画意鲜明，岩画中所描绘的图像同所在地区的自然环境有密切的关系。岩画作为一份形象的史料，对探索古代游牧民族的社会生活，了解古代的自然环境，并结合古代遗址和墓葬，对破解古代民族兴衰、迁徙情况都具有十分重要的价值。

甘肃省黄河流域岩画的发现，不仅对进一步研究甘肃的历史文化，乃至黄河中下游的河套地区及整个甘肃、内蒙古、宁夏文化都提供了可触可摸、十分宝贵而翔实的历史资料，而且对挖掘甘肃黄河流域及周边或者更深远地区的历史演变、人文现象都有十分重要的意义。它记载了甘肃黄河流域地区早期人们生存活动的连续性篇章，以人类自我表述的创造性形式触及了甘肃古代先民的生产活动、审美价值、哲学思想、宗教信仰、经济发展、民族迁移、民族战争、繁衍发展史等，是早期甘肃社会文化、逻辑思维、精神物质特色的缩影，是多层次造型结构的文化积累和远古时期造型艺术的典范，也是全人类的重要文化和艺术遗产。

第十六节　天水市岩画

天水市地处甘肃东南部，境内地势西北高东南低，北部是黄土丘陵地貌；东部和南部是山地；中部为渭河河谷原地貌，适合种植农副产品。全县地形复杂多样，平均海拔1200米。

后川岩画位于天水市麦积镇朱家后川村，全村现有314户居民，1999年全村第一次进行退耕还林，全村主导产业为农家乐，从最初的4家发展到了90家。目前岩画遗存点所在位置是后川村天水地质博物馆以东290米处的公路旁，距后川村村民委员会2.5千米。GPS坐标点为北纬34°40′07″，东经106°05′82″，海拔1378米（见图3.16.1）。2016年6月，麦积镇政府对后川村进行环境治理，清理河道时发现一块巨大的石头，石头的一半深埋在淤泥里，露出来的一半石头上有类似人为刻画的图像，于是用起重机将其吊起，置于路边的平台上。据后川村书记回忆，根据当时的环境及落石的位置看，这块巨石应该是从上方的山崖上脱落后跌落在山下的溪流之中。2016 年 7 月 20 日，天水市文旅局组织市文物考古研究所专家对后川岩画进行了现场认定，并于 2017 年至 2018 年对岩石采取了一系列的保护措施，最后将此块岩石封锁在一个玻璃罩内，有效地隔离了人与岩画的接触（见图 3.16.2）。

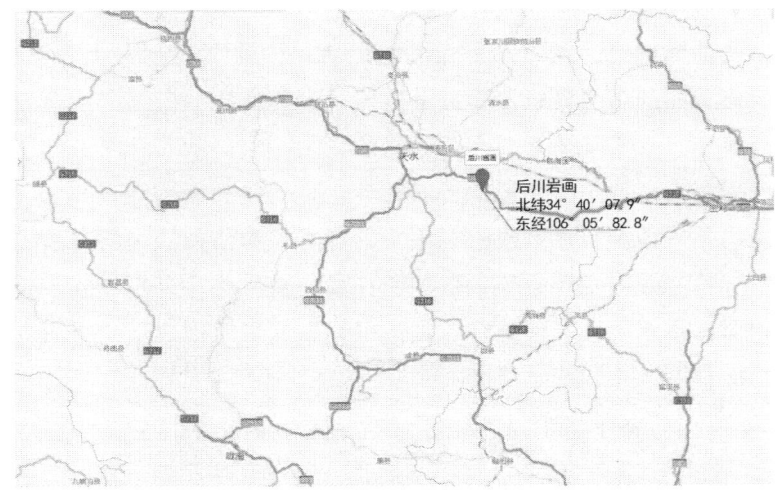

图 3.16.1　天水市后川岩画地点分布位置图

图 3.16.2　天水市后川岩画遗存现状

第三章
甘肃岩画图像内容及分布情况

□石尺寸宽 2.07 米，长 3.8 米，高 2.1 米，岩体石质为当地的红砂岩。岩画□像都琢刻在岩石较为光滑的一面，面积约 8 平方米（见图 3.16.3），岩石□面无任何刻痕。

图 3.16.3　天水市后川岩画正面

□图像内容上看，全部是以点、线组成，并无具体图像。从琢痕的深浅、□细上看，应该是用金属工具琢刻而成，左侧构图较为松散简单，线条粗而□，以折线纹为主；右侧构图较为抽象复杂，线条细而浅，其中夹杂一些凹□及抽象图像（见图 3.16.4、图 3.16.5）。

图 3.16.4　天水市后川岩画全景

图 3.16.5　天水市后川岩画背面

第十七节　成县岩画

　　成县隶属于甘肃省陇南市,地处甘肃南部,河西走廊中部,东北临徽县,南依康县,西北连西和县。境内地势西北高东南低,多高山峡谷,目前在成县境内仅发现一处岩画,GPS 坐标点为北纬 33°01′29.5″,东经 105°42′52.6″,海拔 1344 米。太庙大崖洞岩画位于甘肃省陇南市成县黄渚镇太山行政村太庙村大崖洞洞口,大崖洞是由石灰岩形成的天然岩洞,洞口较大,高约 3 米,宽约 6 米,洞内渐进渐小,深七八米,可容人行走,更深处狭窄不可容人,无法准确测量,大约有 60 米深(见图 3.17.1)。岩画刻于洞口左侧岩壁之上,岩面朝西,宽 5 米,高 2 米,分布面积为 10 平方米。图像以线刻法而成,所以线条比较流畅,内容有人物、文字、抽象的线条(见图 3.17.2)。画面中人物比较抽象,无面部刻画,似一站立的人形(见图 3.17.3),文字能辩的有五字,另有三字无法辨认,能辨认的文字是"白、仰、告、禹、文"(见图 3.17.4)。太庙大崖洞因身处高山峡谷深处,少有人至,因而保护完好。岩画对面的河道旁边有一条古道凿痕。距岩画西北 30

米处□峡谷北山有一条"V"形沟壑,当地人称其为"马蹄沟",人工开凿,年代□详。从图象风格上看,成县岩画与天水岩画比较相似,内容和所反映的信□还有待进行进一步探究。

图 3.17.1 成县太庙大崖洞远景

图 3.17.2 成县太庙大崖洞岩画局部

图 3.17.3　成县太庙大崖洞岩画——人像

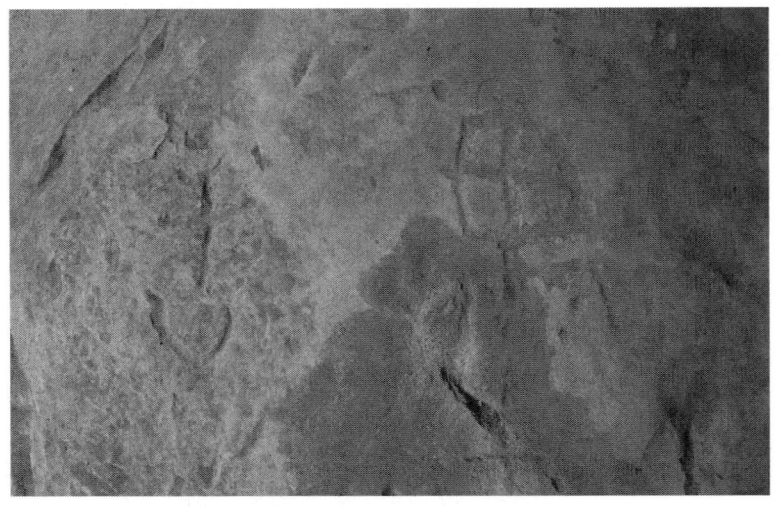

图 3.17.4　成县太庙大崖洞岩画——文字

太庙大崖洞岩画所在地，黄渚镇东河自西北向东南贯穿成县境内，地势也随东河流向逐渐下落，除河谷地带较为平缓外，其余均为大山深沟，耕地少而林地多，雨量充沛，为成县高寒阴湿区。成县境内铅锌矿藏丰富。太庙大崖洞是太庙后的深山峡谷中段的天然岩洞，洞前有一条小溪，谷内为树木参天的大森林,植被覆盖率达100%,鸟语花香,景色宜人。雨天或炎热的天气里,在附近劳动和放牧的村民可能会在此躲雨避暑,周围无任何人为建筑。西渚镇为全国第二大铅锌矿储量区,周围选矿厂、冶炼厂众多,对河流、空气造成了不同程度的污染。

第四章 甘肃岩画图像研究

每每研究这些光怪陆离的原始图像时，我们都会心潮澎湃，人类祖先的生活场景仿佛历历在目。这令我们不由得感叹祖先们在一个怎样的环境状态下创作出这些令现代人都无法解释的图像。当我们置身于荒谷中，仰望那些崖壁上的图像时，不能不为之震撼，不能不忘记现代社会，跟随这些原始精神的产物穿越时空来到祖先身边，跟随他们在火的洗礼中净化自己的灵魂。对原始艺术的研究无论是过去还是现在都是一个任重道远的课题。原始岩画是一门既显幼稚又显成熟的艺术，它的魅力就在于此。研究这些原始岩画，不但可以使我们理解原始艺术的特殊形态与特殊规律，还可以使我们理解当代美术创作与审美意识的内在联系。正因如此，原始岩画才具有不可重复、不可替代的价值。

作为甘肃岩画研究的课题，除了原始艺术的起源问题，我们还要花大量精力去研究这些图像所反映出来的古人的特定心理趋向和特定的创作方式。我们的研究如果仅仅局限在考古学领域，那就无法复现原始艺术的光辉，无法复现人类早期的精神内涵，无法探寻其文化内涵和精神特征。所以，我们对于甘肃岩画进行研究，不仅需要大量的考古学方法作为指导，还需要对图像进行仔细研究。仔细分析全国其他省份的岩画，我们不难发现，每个省的岩画都表现出自己独特的造型心理、独特的形态、独特的造型方法和独特的造型规律。那么如何研究甘肃岩画的构成形式、造型形态，并以此探索古人的创作心态和原始意识，就成为我们研究的重要环节了。

第四章
甘肃岩画图像研究

第一节　甘肃岩画的图像内容

甘肃岩画有明显的地域性特征，岩画分布地域广阔，延续时间较长，在各地区会有很大的差异。在图像内容上丰富多彩，形式上多种多样，在图像造型方面有自己的规律，有自己相对的稳定性，也就是说，有自己特定的艺术特征和艺术风格。在造像手法上属于偏重原始意味的平面造型风格，既有写实因素，也包含一定程度的抽象化因素，整体上呈现出一种朴素、稚拙、概括的风格。古人的那种任意想象、荒诞感觉，在岩画艺术中形成了特殊的思维方式，也就是象征性、神秘性和超越时空的自由联想，这就形成了甘肃岩画艺术所独有的审美观念。

一、岩画的图像类别

经过几年的考察、统计，发现甘肃岩画中动物图像占绝大多数，根据这些动物的种类不难发现数量居于第一位、第二位的是羊和鹿，这反映了古人对所处生态环境中所有动物物种的一种选择，并且用图像的方式记录下来。

在甘肃岩画中除了大量的动物图像之外，还有一定数量的人形图像。根据其体态、着装、发式、手持的工具等发现：这些人形图像的身份可能有猎人、牧人、正在从事某种群体性仪式活动的舞者、手中执有某种器物的巫人、从事军事组织的武士。

二、岩画的画面主题

综合甘肃岩画画面诸要素进行分析，甘肃岩画以动物图像为多，主要表现了畜牧、狩猎、习武演练、舞蹈等场景，可归纳为11类主题。

（一）动物岩画

动物是岩画的基本题材，从目前世界各地已发现的岩画看，动物岩画属于早期猎人风格的岩画,以大型猛兽和小型食草性动物为代表,岩画中有反复出现的各种符号。在我国北方岩画中的动物图像,虽不是同一时期、同一文化背景的产物,但其中有些可以被认为是早期猎人的作品。在甘肃岩画中,许多对鹿和羊的描写都是很写实的。作为原始人生活来源和崇拜对象的动物岩画,在全世界范围内都赋有宗教的意义。对动物的崇拜可以推演出人类长期发展的脉络。除了宗教崇拜之外,岩画中的许多动物形象还可能有记事的目的。此外,对于猎人来说,了解动物的习性、掌握它们的规律,是件大事,而且可以对后人起到教科书的作用。所以,甘肃祁连山山区和黄河流域等地发现了大量动物岩画。这些野生动物有个体的,也有群体的(见图4.1.1、图4.1.2)

图 4.1.1　景泰县石鹿沟岩画——鹿

图 4.1.1a　景泰县石鹿沟岩画线图

图 4.1.2　靖远县信猴沟岩画——鹿、羊

图 4.1.2a　靖远县信猴沟岩画线图

从这些岩画中我们可以知道,原始人类全部经济生活中最主要的部分都与动物有关。他们的世界观就是在这样的经济基础上形成的。那么,与此相应的艺术作品主题也主要取自动物,可以说,原始人艺术是根植于动物

第四章
甘肃岩画图像研究

界的

二）狩猎岩画

在以狩猎为生的社会里，动物崇拜是与生活来源有关的，动物是当时人们赖以生存的主要资源，所以狩猎也是最常见的题材之一。从岩画中可以看到，有的猎人正在向猎物射击，有的被猎物咬伤。这些作品从不同角度生动地反映了当时古人的狩猎方式。另外，岩画中的狩猎方式不尽相同，使用的工具也不一样。经过详细的识别，我们统计出甘肃岩画中所有出现过的武器有石球、木棒、石斧、弓箭、弩机、黄羊夹子、锐齿状投掷器、投枪、长戈等（见图 4.1.3—图 4.1.10）。另外，在甘肃省 19 个县市的岩画题材中都有以狩猎场景为主的画面，大部分是描绘猎人们拉弓围猎等场景的。技法虽简单，但是形象生动，画境古拙，具有独特的风格。狩猎是人类社会长时间从事的一种生产方式，岩画的图像记录了不同时期不同的狩猎方式，为研究人类早期的狩猎文化提供了确凿的证据。

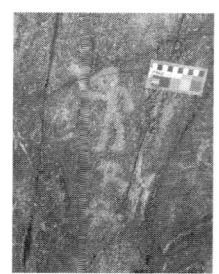

图 4.1.3　永昌县北山岩画——石球

图 4.1.3a　永昌县北山岩画线图

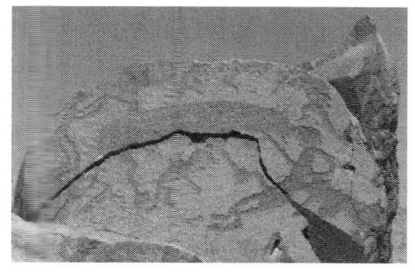

图 4.1.4　景泰县姜窝子沟岩画——石斧、木棒

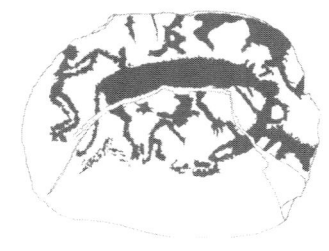

图 4.1.4a　景泰县姜窝子沟岩画线图

图 4.1.5　嘉峪关市黑山岩画——弓箭　　图 4.1.5a　嘉峪关市黑山岩画线图

图 4.1.6　肃北县大黑沟岩画——弩　　图 4.1.6a　肃北县大黑沟岩画线图

图 4.1.7　景泰县老鸦崖岩画——黄羊夹子　　图 4.1.7a　景泰县老鸦崖岩画线图

第四章
甘肃岩画图像研究

 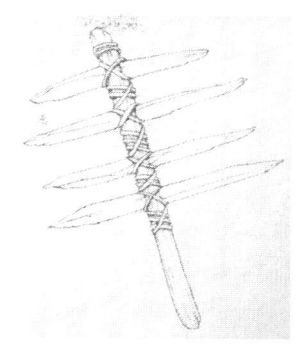

图 4.1　景泰县老鸦崖岩画——锐齿投掷器　　图 4.1.8a　锐齿投掷器示意图

图 4.1.9　肃北县大黑沟岩画——投枪　　图 4.1.9a　肃北县大黑沟岩画线图

图 4.1.10　古浪县郎家沟岩画——长戈　　图 4.1.10a　古浪县郎家沟岩画线图

（三）巫觋岩画

巫觋岩画所表现的诸如拜日、祭天、祈求丰产、供奉牺牲等，也是当时日常生活中一个重要的方面。岩画的图像刻画行为与神灵信仰之间有着种种密切的关联，除了岩画所处位置环境、岩面朝向等因素外，体现在图像中的信仰意识也有多种表现形式：如赋予画面中某些特殊"人物"或"人形图像"以神灵或"通灵"的性质；甘肃岩画中出现的持有一根枝条状物体的巫师形象，或是具体表现某种仪式性活动的组合图中比旁边人物体量大了很多的巫师等。从景泰县红水姜窝子沟的这张岩画中，我们可以看到，左侧人手中拿有一根枝条弓状物体，右侧人带有形似尾巴的装饰，像是在进行某种巫术活动。那么这里也有可能是当时人们进行祭祀的地方（见图 4.1.11）。另外，在嘉峪关黑山岩画的大型祭祀图中，就出现了两个体量比他人大得多的人，这应该是具有某种"神性化"能力的巫师（见图 4.1.12）。

图 4.1.11 景泰县红水姜窝子沟岩画——巫师

图 4.1.11a 景泰县红水姜窝子沟岩画线图

图 4.1.12 嘉峪关黑山岩画——祭祀图

图 4.1.12a 嘉峪关黑山岩画线图

第四章
甘肃岩画图像研究

(四) 生殖崇拜岩画

作为一种本能，人类对自身的生存和繁衍都会十分关注。当人的智力发展到足以认识自身的生育能力，这对人类繁衍起到重要作用时，崇拜生殖和祈求多产的信仰和仪式便出现了。在原始先民中普遍存在生殖崇拜，这是原始信仰的一个主要内容。世界各地都有大量的人类生殖崇拜的历史记载和文化遗存，生殖崇拜在甘肃省岩画中同样占有重要地位。景泰县陈家坝沟的生殖崇拜图是甘肃岩画为数不多的生殖图中非常经典的一张，其中，牦牛图像下男女交媾的场面也很特别，与其他地区岩画中表现生殖器崇拜的画意不同。画面中的牦牛在景泰地区及黄河中游很少出现，所以我们推测在男女交欢场面表现牦牛可能有其特殊的含义，或许有强调两性交媾能促使牲畜增产的意义（见图 4.1.13）。

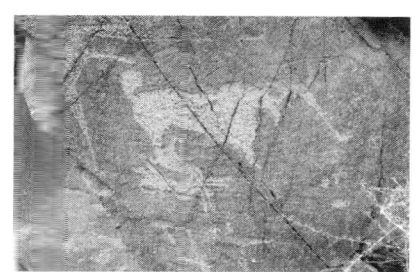 

图 4.1.13　景泰县陈家坝沟岩画　　　图 4.1.13a　景泰县陈家坝沟岩画线图

(五) 神灵崇拜岩画

原始人有关神灵的崇拜，主要体现在对天体、植物、山石、特殊动物等的崇拜上。这类题材在早期岩画中比较常见，反映出古人对客观世界的认识尚在蒙懂之中，认为"万物有灵"。日月星辰崇拜的画面十分常见，在甘肃省景泰县黄崖沈出现了圆圈岩画，排列有序，像是天空中的太阳和繁星（见图 4.1.14、图 4.1.15）。另外，除了天体崇拜外，还有植物崇拜，在肃北县大黑沟的岩画中发现三株植物（见图 4.1.16），在古浪县楼梯子沟也有四株，在嘉峪关石关峡口有一株（见图 4.1.17），植物图像在甘肃岩画中一共有八株，数量不多。在整个甘肃岩画中，神灵意识在动物图像中最常见的是对公鹿的"神格化"，通常，公鹿的体量被琢刻得较大，并且有较夸张的鹿角；古人也对食肉性猛兽表现出崇拜意识，这种崇拜意识有可能是来自畏惧之心。古人对食肉性猛兽的体量进行了夸张，通常要比周围的食草性动物大许多，且被琢刻在画面中间比较重要的位置。如在白银市景泰县黄崖沟出现的一张猛兽和人的组合画面，猛兽的体量比人大了许多，这显然是有动物崇拜的意识（见图4.1.18、图4.1.18a）。

图 4.1.14 景泰县黄崖沟岩画——太阳

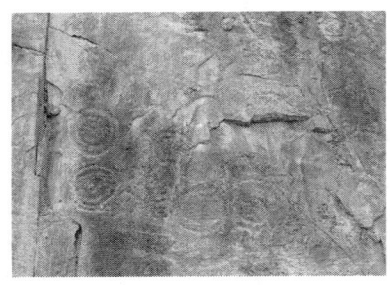

图 4.1.15 景泰县黄崖沟岩画——星辰

图 4.1.16 肃北县大黑沟岩画——植物1

图 4.1.17 肃北县大黑沟岩画——植物2

第四章
甘肃岩画图像研究

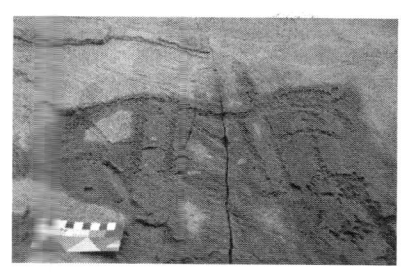

图 4.1.18 景泰县黄崖沟岩画——动物

图 4.1.18a 景泰县黄崖沟岩画线图

（六）畜牧及农耕生产岩画

畜牧题材的画面在甘肃岩画中是比较多的，畜牧与狩猎岩画经常同时存在于同一画面中。农耕题材的画面在甘肃岩画中出现得不多，在白银市平川区野麻滩岩画中有一幅农耕图（见图4.1.19），画面下部的右侧，有一人手持长犁，身前并排三匹马。在畜牧题材的画面中人与畜养动物图像之间的关联形式大致分为两种：一是居于牲群之前、骑马或骑骆驼的领牧人；二是居于牲群之间或之后的赶牧人。在肃北县石包城乡七个驴岩画中，有一牧人，两手各牵一头骆驼，周围刻有牦牛、羊、马（见图4.1.20）。

图 4.1.19 平川区野麻滩岩画——农耕

图 4.1.19a 平川区野麻滩岩画线图

（七）习武演练岩画

表现战争和习武演练的岩画在北方岩画中比较常见，但是在甘肃岩画中唯独古浪县郎家沟发现了这种题材，其中的人物明显区别于牧人和猎人。这

图 4.1.20　肃北县七个驴岩画——放牧　　图 4.1.20a　肃北县七个驴岩画线图

两幅画面都展现了一个习武场景，有的习武，有的牵马，并且马背上刻有马鞍，有的并排站立演练。由此推断，古浪地区很有可能曾经有过军事组织（见图 4.1.21、图 4.1.22）。

图 4.1.21　古浪县郎家沟岩画——习武　　图 4.1.21a　古浪县郎家沟岩画线图

图 4.1.22　古浪县郎家沟岩画——习武　　图 4.1.22a　古浪县郎家沟岩画线图

第四章
甘肃岩画图像研究

（八）舞蹈岩画

甘肃岩画中，出现单独舞蹈的画面不多，基本是在祭祀场面中进行的集体。尤其像白银市靖远县小沙沟这幅舞蹈图，舞者的服饰和发式都表现得十分清晰，身穿长袍、长袖飘舞，有画面中其他图像并无联系，由此判断这是一门表现舞蹈的图像（见图4.1.23、图4.1.23a）。

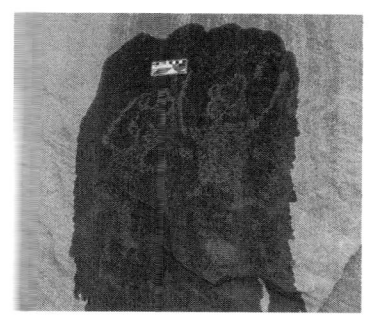 

图4.1.23　靖远县小沙沟岩画——舞蹈　　图4.1.23a　靖远县小沙沟岩画线图

（九）人面及全身人像岩画

甘肃岩画中，人面及全身人像的画面也不少，尤其像古浪县花庄大沟岩画，出现了比较抽象的人面像（见图4.1.24）。另外，永昌县杨家大山的全身人像的动感较强（见图4.1.25）。

图4.1.24　古浪县花庄大沟岩画——人面像　　图4.1.24a　古浪县花庄大沟岩画线图

图 4.1.25　永昌县杨家大山岩画——人像　　图 4.1.25a　永昌县杨家大山岩画线图

（十）车辆岩画

车辆题材的岩画在甘肃岩画中只发现两幅，一幅在白银市靖远县信猴沟（见图 4.1.26），另一幅在嘉峪关的黑山（图 4.1.27）。尤其是靖远县信猴沟的这幅车辆，两匹马背对背呈对称式排列在车体两侧，在马身上都刻有条状纹饰，用一个大圆圈表示车身，用两个对称的圆圈表示车轮，两只牲畜、双轮、单辕、一舆，这种表示法与哈萨克的车类岩画风格很相似。在表现车辆的透视上采取了这种"平面式的求全法"，这种画法不会遮挡任何部分，完整无缺地展示了整个车辆。

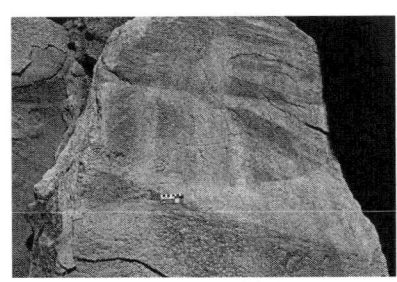 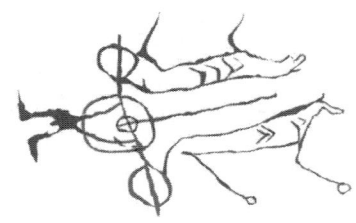

图 4.1.26　靖远县信猴沟岩画——车辆　　图 4.1.26a　靖远县信猴沟岩画线图

第四章
甘肃岩画图像研究

图 4.1.27　嘉峪关黑山岩画——车辆

图 4.1.27a　嘉峪关黑山岩画线图

(十一) 其他

其他还有手印、抽象符号、可能的部落族徽等。

全国各地的岩画点都有几何形组成的抽象符号。这些符号有可能是以抽象的方法表达某种意思，也有可能是记载某些事情，还有可能是图腾崇拜。在漫长的原始社会无文字的阶段，原始人类基本用图像记事和符号记事，所以在岩画中，符号图像也是很重要的一类。正是这些大量符号的出现，为史前巫术宗教的研究提供了宝贵的信息。白银市景泰县黄崖沟岩画中出现了一个手印（见图4.1.28）；肃北县大黑沟岩画中出现了图腾的形象，且当地牧人称此幅图像是他们的女神（见图4.1.29）；在肃北县老道呼都格岩画和靖南县镔山岩画中都出现了一些抽象符号（见图4.1.30、图4.1.31）。

图 4.1.28　景泰黄崖沟岩画——手印

图 4.1.28a　景泰黄崖沟岩画线图

图 4.1.29　肃北县大黑沟岩画——图腾　　图 4.1.29a　肃北县大黑沟岩画线图

图 4.1.30　肃北县老道呼都格岩画——符号　　图 4.1.31　肃南县镉山岩画——符号

甘肃岩画是畜牧、游牧文化的标志性遗存，因而它的传播、分布也都是牧业文化发展趋向的表现。岩画基本贯穿整个河西走廊，其中，河西走廊西北部和东南部的岩画所代表的早期畜牧、游牧文化之间有明显的共性，如河西走廊西北部和东南部的岩画中表现的畜牧方式都以群牧为主。河西走廊西北部和东南部的岩画的差异：西北部岩画中表现的畜种以牦牛为主；东南部的岩画中表现的畜种以羊、鹿为主。在西北部岩画中猎获对象主要以野牦牛为主；在东南部岩画中猎获对象主要以羊、鹿为主。另外，表现农牧题材的画面只在河西走廊东南部的黄河流域岩画中出现，在西北部的岩画中并未发现。

三、图像的造型风格

甘肃岩画有明显的地域性特征，它分布地域广阔，延续时间较长，内容

第四章
甘肃岩画图像研究

丰富多彩，形式多种多样，是古人按照自己的审美规则创造出来的艺术作品。这些形象质朴、纯真感人的作品表现出自己特征，在控制形象以及表现形象方面总是有自己的规律，有自己相对稳定的语言，也就是说，有自己特定的艺术特征和艺术风格。

（一）制作技法

在岩画制作中，技法的选择有很重要的意义。艺术与技术是密不可分的。形式及其实践创造的活动是艺术的基本特征，只有发展了的技术，才能产生完善的形式，所以技术和美感之间有着密切的联系，而且形式美感是随着技术活动的发展而不断发展的。地理和气候上的差异，同样影响古人们制作的形式和技术的发展。甘肃岩画的图像制作以敲琢法为主，还有磨刻法，以及少量的线刻法，图像的造型方式则有剪影式的以面造型和线描式的以线造型两类。

"敲琢法使用的工具，从其遗痕上看应是有尖的金属工具或硬度极高的石质工具，因为这种方法制作的画面多在硅质岩、花岗岩、玄武岩及超镁铁质岩等岩性的岩石上，其硬度均在韦氏 7 度以上，所以硬度在 7 度以下的石质工具很难在其上形成较深的印痕。人们使用带尖的工具在岩石上反复敲琢形成点状或条状的凹坑，形似麻点"，这些麻点的直径多在 0.2～0.5 厘米之间，深 0.1～0.2 厘米，岩画的各类图案和形象就是由无数密布的点状或条状的敲琢点构成。"从整体外形特征的认识和观察，是一种相对原始的岩画制作方法，在多处地点的画面上发现有其他方法制作的图像重叠在敲琢法图像之上的现象，因而大致可以肯定，敲琢法是比较早期的岩画制作技术"。"磨刻法岩画是先在岩石上凿刻出物体的线条轮廓，然后在表现轮廓的线条内用石质工具或金属工具反复磨刻，使线条更加准确、印痕更深。磨刻法岩画仍属以线造型，但由于反复磨刻使部分线条丧失了原有的流畅性，所以其图像的生动性不及线刻法岩画。""线刻法岩画是用金属工具在岩石上凿刻出深浅粗细不同的线条，并由线条构成各种图案形象。大约是因工具和岩石硬度、纹理的不同，刻出的线条或较生硬，或较流畅，其横断面多呈'V'形，深度较敲琢法产生的线条要大，宽度则多在 1.5 厘米以下，较敲琢法线条要细一些,因而线刻法制作的岩画在一般情况下比敲琢法岩画的图像更为清晰,并相对保存较好"[①]。在甘肃岩画中,这种线刻法的图像较少见,这要比同画面中其他用磨刻法和敲琢法刻绘的图像在时代上晚。虽然这些都是一些简单的技法,但古人精通这些技法之后,表现出自己对艺术形式的理解和追求。所以说,没有艺术的技法就没有所谓的艺术。

(二) 造型风格

在原始艺术中,实体造型艺术和意念造型艺术是同时并存的。就甘肃岩画造型研究来说,确实两种形式都存在:有些地方的岩画十分抽象,有些又以写实为主。纵观甘肃各个遗存点的岩画,不难发现典型的表现方式都是单纯而朴实的,图像往往采用自然主义的手法,大多数形象是非常写实的。岩画中的许多动物都能从现实生活里找到它们的原型,这些动物的造型富有变化,强健而又充满活力,生动逼真,不仅形似而且神似,栩栩如生。可以看出,原始艺术家们懂得用特征来表现事物,用这种特征法创作出来的图像往往是永恒的。这种写实的手法在当时确实是主流,那时的人们由于劳动和生活的需要,养成了自己独特的观察力,这种观察力反映在艺术形式上,造就了写实的艺术倾向。所以,纵观中外的岩画艺术,不管如何千变万化,写实总是最基本的方法。我们在这里并不否定图像中的夸张手法,这是古人驰骋自己想象力的一种表现。夸张是岩画很重要的表现手法。当时,物质条件和技术手段都很落后,很难用简陋的工具刻画细部,所以需要省略一部分细节,抓住基本特征,突出特点,这就造就了岩画的夸张手法。艺术的夸张不仅用于某些部位的夸张,也用于数量和体积,以强调人们心中认为最重要的事物。比如,羊角、鹿角在尺寸上的夸张,还有许多的围猎图,被猎对象很大,猎人都很小。因为狩猎时代的人们在各种野兽的包围之中,靠猎获野兽为生,又时时受到野兽的威胁,对野兽的祈求、占有、敬畏等矛盾心理交织在一起。野兽的形象在人们心中占据重要的地位,所以在岩画中也应占突出的位置。这种夸张显然脱离了真实,但对于观看者来说,它比客观现实还要

---

① 李永宪. 西藏原始艺术[M]. 四川:四川人民出版社,1998:188.

真实，因为它使现实变得更清楚、更突出。

三）装饰手法

装饰艺术具有巨大的想象力和深刻的表现力。甘肃岩画中这种具有装饰手法的画面还是很多的。从造型角度上看，岩画都是采用平面造型的方法。虽然是平面的，但由于充分利用了剪影效果，也就是黑影画的效果，同样具有很强的表现力。剪影画法简单明了，关键在于抓住物体的基本形，并将它概括成几何形体表现出来。这种抓住基本形的方法可以使人物、动物的形象更加生动，这就需要绘制者善于取舍和选择物体的基本特征，用易于描绘的角度来表现。总的来说，岩画的装饰手法，从造型方面来说，一个是平面造型，一个是抓住基本形，这是岩画在塑造形体方法的两个显著特点，也是形成岩画装饰风格的基础。

从力量的分布来看，图像在形体和场景的安排上都采用了均衡的形式，均衡是表现力量的一种完美形式。比如在白银市红水姜窝子沟的狩猎图中，猎物被安排在中间，猎物的前方有一人身体后仰，双手握枪状武器做出刺杀状；猎物的身后有一人双腿弯曲，双手握斧状武器做出砸砍状；画面中还安排了二只狗围绕在猎物上面下面。画面采用了完美的均衡构图法，画面中上面下面的狗和左边右边的两个猎人被安排得井井有条。可以看出，图像与图像之间的组合，已很注意符合力量均衡的审美要求，古人已经开始稚拙地追求形式感了（见图4.1.32、图4.1.32a）。

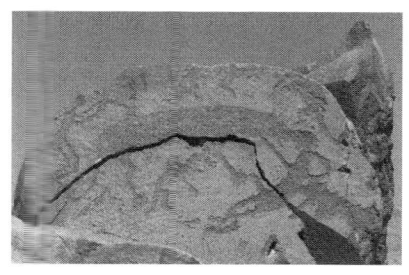
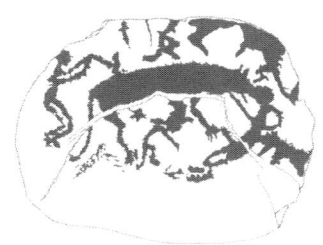

图4.1.32　景泰县姜窝子沟岩画——狩猎图　　图4.1.32a　景泰县姜窝子沟岩画线图

（四）象征主义

象征是一种艺术手法，它属于联想的范畴，是作者用以前经历过的事物来比喻或暗示目前所见、所闻、所感的事物；有时只用某种符号或抽象图形来表现一定的内容。在甘肃岩画中，确实有一部分图像是以点、线等组成抽象的符号或图形。这些抽象的图形是用来表现或比喻某种特定的含义的，这就是象征主义风格。审美经验除去附带的装饰与联想之外，造型艺术的构成本来就受到比例、体块、尺寸、色彩等因素的制约，是一种探求形式的节奏，不可能和客观现实一模一样。那些几何图形作为一种装饰的源泉，通常是一种简单的抽象组合：曲线、直线、圆点和螺旋纹等。这些组合有时还蕴含着复杂的主题内容。为了符合这种象征主义的需要，变形可以说是很好的方式。变形是无视自然界中特定的比例关系，但是又和现实生活有千丝万缕的联系。古人把自己的意愿浓缩在一个个抽象变形的图像中，虽然这种动机还不明确，但是这些图像确实表现了古人对于物体的一种生动直觉的领悟。进一步看，甘肃岩画之所以有许多抽象变形的图像，就是因为包涵某些神秘的观念。原始时期的人们已经开始在作品中注入自己的纯真感情，而且还有逻辑思辨以及感知世界的方式，因而这些抽象的符号在一定程度上与我们的感知方式产生共振效应。在岩画中，这种观念的阐释是在抽象的符号中表现出来的，因此理性的链锁被打碎，想象力获得充分的展现，这就使岩画具有某种象征意义。在对这种象征图形的欣赏中，人们摆脱了日常观念的束缚，随着自己的联想与丰富的想象力的任意渗入，人们的审美观念获得了极大的释放。这种抽象的手法和象征的意义在裕固族自治县镏山岩画中比比皆是，一共145个单体图像中，抽象符号共116个，从比例上看，抽象符号占有绝对优势（见图4.1.33）。再如白银市景泰县红水姜窝子沟的岩画中，也出现了许多呈同心式放射状的同心圆，并且还将这些同心圆组合成新的图像（见图4.1.34）。如今我们虽然无法诠释这些符号的意思，但从考古学和民族学的分析证明，这些抽象图像多少含有图腾崇拜或祖先崇拜或生殖崇拜的意义。所以，这些在我们看来抽象的图像，对于原始人来说，却有着很具体的意思。

图 4.1.33 肃南县镭山岩画

图 4.1.34 景泰县姜窝子沟岩画

所有抽象图像都是从写实逐渐发展为抽象的，在甘肃岩画的画面中，那些写实和抽象的图像，似乎从岩画艺术诞生之日就一同出现了。我们还不知道这些抽象符号想要表现什么意思，但是这种手法可以被认为是现代抽象艺术的鼻祖，所以这些抽象手法创作的图像意义是很大的。在这些图像中，我们可以看到有单纯的形式因素和复杂的含义因素，一种是单纯靠形式给人以艺术享受，另一种是用含义赋予作品更高的美学价值。所以人们认为抽象是人类头脑睿智的很好的体现。

（五）构图形式

古人在一块十几米或几十米的石壁上作画，他们的作品构图有的是孤立的、个别的图像，好像与周围环境没有多大联系，也有的是用许多图像组合的形式。有些出现了反复刻画一个单体形象的形式，这就是构图中对"反复"手法的很好的运用。反复实际上是信息的强调。

另外，在构图的空间关系上，古人采用了平面布置的方法，大多没有透视和空间深度。当然，画面中的图像有大小之分，但是这些大小的变化是以重要性来决定的，而不是刻意用近大远小来表现空间关系。细细分析这些画面，是可以寻找到古人想要表现空间关系的痕迹的。由于岩画大多采取剪影式的简单敲琢法，节奏在画面构图中就显得特别突出。节奏感是一个重要因素，它是有规律的重复。某种有规律的动作，是规律性的重复运动，这种重复运动在作品上的体现就是排列重复的节奏。动作在时间上的节奏，也成为作品在空间上的有规律性的反复的节奏。由于人们对呈现在面前的事物能做出相应的心理反应，一定事物中的形状、外表与线条等合乎比例的排列，都会引起人们的心理愉悦。安排得当的形体、比例、线条就会产生一种节奏。

总的来说，甘肃岩画图像的造型，属于偏重原始意味的平面造型风格，既有写实因素，也包含一定程度的抽象化因素，岩画中出现大量人物和丰富的动物形象，整体呈现一种朴素、稚拙、概括的刻绘风格。古人的那种任意想象、荒诞感觉等等，在岩画艺术中形成了特殊的思维方式，也就是象征性、神秘性和超越时空的自由联想，这也就形成了甘肃岩画艺术所独有的审美观念。

第二节　从甘肃岩画看上古时期甘肃的动物分布

陈兆复把中国岩画分为北方、西南、东南三个系统。认为"北方系统的岩画主要分布于内蒙古、新疆、宁夏、甘肃、青海，内容以动物为主，风格较写实，技法大都是凿刻。它是中国北方草原地区的狩猎、游牧民族的作品[1]。"甘肃岩画正好属于北方岩画系统中的核心位置。它东接内蒙古和宁夏岩画，西邻青海岩画，西北与新疆岩画接壤。在狭长的河西走廊地带，连接了北方四个省区，使四个省区的岩画地带连接为一体。就因为它是北方草原地区狩猎、游牧民族的作品，所以它的内容以动物为主。这样，考察甘肃岩画中的动物分布，不仅对于北方系统的岩画研究有意义，而且对于北方狩猎、游牧民族的研究也有重要的意义。

---

[1]　陈兆复. 古代岩画[M]. 北京：文物出版社，2002年.

第四章
甘肃岩画图像研究

一、甘肃岩画点的动物分布概况

肃北蒙古族自治县位于甘肃最西北部，河西走廊西端南北两侧，包括不相连的南北两个部分。周边与蒙古国、新疆维吾尔自治区、内蒙古自治区和青海省相接壤。肃北山境内地形复杂，南山和北山地貌各异。南山地区地处祁连山西段、青藏高原东北边缘，属河西内陆河流域，东南高西北低。依地貌类型，东南部为祁连山西端高山区，平均海拔在 3500 米以上；西北靠近敦煌、瓜州一带，为沙砾戈壁倾斜高平原区，有三条西北至东南走向平等而高耸的山岭，自北向南为野马山—疏勒山、托来南山、野马南山—疏勒南山、党河南山。北部祁连山西段高山区地势高耸，有高山、深谷和山间盆地。北山地区地处蒙新高原，地势中部高南北低、西南高东北低，平均海拔 2000 米，大部是低山和残丘地貌。依地形发育特征，可分为马鬃山中低山区、马鬃山南部基岩戈壁高平原区、西南部基岩戈壁高原与山滩地区、北部准平原山滩地区共四个水平区域。

肃北岩画最早发现于 1956 年。2006 年以来，先后在境内南、北两区发现多处岩画。肃北岩画主要分布在境内南区祁连山北麓的大黑沟、红柳峡北山、七个驴沟、灰湾子、后灰湾子、旱峡等处，沿党河的月牙湖、扎子沟、阿尔格力台等处，北区境内马鬃山一带的布都呼鲁斯特、格格乌苏、柳沟、同古图、老道乎都格、深沟、仓库沟等处。肃北岩画出现的动物主要有牦牛、北山羊、盘羊、马、狗、狼、骆驼、鹿、蛇等①，其中北山羊最多。

玉门市南北与肃北蒙古族自治县接壤，东连嘉峪关市。境内昌马镇在鹿子坝岩石上发现岩画。岩画中出现的动物形象主要有骆驼、马、虎（豹）、鹿、狼、羊等。

黑山岩画是甘肃境内最早发现的岩画。黑山地处嘉峪关市西北 20 千米处，属马鬃山支脉，先后有四道股形沟、石关峡、磨子沟、红柳沟，发现岩画多处。1972 年 5 月牧羊人发现报告后，文物部门前去勘查，共勘查出岩画

---

① 席琳. 试论甘肃马鬃山区岩画的文化因素 [J]. 考古与文物, 2009, (4).

31幅，勘查结果以嘉峪关市文物清理小组的名义发表在《文物》1972年第12期。其中，发现的动物形象主要有马、牛、羊、虎、鹿、骆驼、狗、飞雁、鸟、蛇，以及鸡、鱼等形象①。后经确认统计，出现的动物主要有牦牛、北山羊、盘羊、岩羊、马、狗、狼、虎（豹）、骆驼、鹿、蛇、石鸡、鸟等共数十种动物形象。其所属种类有哺乳类、爬行类、禽类，既有食草动物，也有食肉动物。动物以牦牛居多。从动物的生存年代和环境来看，"黑山岩画中的动物有更新世出现的动物残存属种，有喜温暖潮湿的动物，也有喜凉喜湿动物，还有喜干旱寒冷的动物，更多的则是能够扩散到更广区域、适应性很强的动物②"。

肃南裕固族自治县是全国唯一的裕固族自治县，隶属于张掖市，地处河西走廊中部、祁连山北麓。境内的榆木山坐落在祁连山北北缘，类似于黄土丘陵地貌。现属大河乡光华、大滩、红湾三个自然村的秋冬牧场。属半湿润山地草原和干旱草原气候区。肃南县岩画就发现于这个区域。肃南岩画最早发现于1985年，其中，出现的动物大致有牦牛、鹿、岩羊、盘羊、北山羊、骆驼、虎（豹）、狼、鸟、蛇、马、羊等。

山丹县位于河西走廊中段，南以祁连山与青海省为界，北与内蒙古自治区阿拉善右旗接壤，东南过西大河水库与肃南裕固族自治县毗邻。山丹县境内卧牛沟、羊鹿沟两处发现岩画，岩画出现的动物以马、牦牛、北山羊、骆驼、鹿为主。

永昌地处河西走廊东部，祁连山北麓，阿拉善台地南缘，西接山丹，南邻肃南、青海门源县。境内牛娃山位于县城新城子镇赵定庄村西南5千米处，紧随祁连山北缘。这里山势陡峭，险峻挺拔。境内目前发现岩画地点有牛娃山、北山、杨家大山、大泉、青石头沟几处。岩画中出现的动物有牦牛、北山羊、盘羊、鹿、狗、虎、狼、马、鸟、蛇等。

古浪县隶属武威市，地处甘肃中部，河西走廊东部，东临景泰县，东北接内蒙古自治区的阿拉善左旗。境内地势南高北低，南部接祁连山北麓，属

---

① 嘉峪关文物清理小组. 甘肃地区古代游牧民族的岩画——黑山石刻画像初步调查[J]. 文物，1972，（12）.

② 杨惠福，张军武. 嘉峪关黑山岩画[M]. 甘肃：甘肃人民出版社，2001年.

第四章
甘肃岩画图像研究

中高██区地带，畜牧业发展繁荣；中部为低山丘陵沟壑平原地貌。境内目前共发██五处岩画██大靖镇花庄村昭子山大沟岩画、裴家营镇塘坊村郎家沟岩画、██家营镇塘坊村大沟岩画、新堡子乡臭牛沟岩画、新堡子乡楼梯子沟岩画。██画中出现的动物有北山羊、马、牦牛、鹿、狗、狼、骆驼等。

██泰县地处河西走廊东端，甘肃、宁夏、内蒙古三省区交界处。历史上地████，战争频繁，归属多变。近年来，景泰县境内发现多处岩画，目前主要██姜窝子沟、石鹿沟、彭家峡、梁家湾、黄崖沟等处岩画。其中，出现的动██形象主要有北山羊、岩羊、盘羊、牦牛、鹿、马、狼、虎（豹）等。

██银市平川区红山峡谷黄河西岸、野麻村等四处都发现了岩画。前面的岩画██动物形象，其中有盘羊、马、鹿等动物形象。

██远吴家川岩画被发现得较早，是1976年兰大地理系师生考察时发现的。██中，动物有盘羊、鹿、马、狗、狼等。

██中县地属兰州市，在境内青城镇麋鹿沟发现了岩画。其中，出现的动物主██有岩羊、北山羊、狼、虎（豹）、马等形象。另外，境内岩画点还有阿克██、瓜州、玛曲、天水、成县几处。阿克塞有一幅骑马射箭图；瓜州仅一██，图中有北山羊、骆驼等少量动物形象；玛曲县、合作市地处甘南藏族自████，黄河在境内曲折流过，岩画图像主要以鹿为主；天水、成县各一幅，██为抽象符号，未见动物形象。

二、几种主要动物形象的分布特点

██照前述对甘肃省境内各地岩画中所出现的动物形象分布的粗略统计，这里██了一个统计表（见表4.2.1）。从这个统计表可以看出，甘肃省境内岩画██所出现的动物形象的分布有如下几个特点：

一是总体来看，靠西北的岩画出现的动物形象比靠东南的要丰富一些。其中██嘉峪关、肃北岩画的动物形象最为丰富。这固然与岩画点多、统计的数据██比较完善有关，但也反映出地域上靠北靠西的动物形象更丰富的特点。

二是岩画中的动物形象大多为野生动物。除了如马、犬，还有一些牛、羊之外，就是野生动物。这在某种程度上表明，琢刻岩画的民族以狩猎为主

表 4.2.1　　　　　　　　甘肃省境内岩画动物图像统计表

动物＼地点	肃北	玉门	嘉峪关	肃南	山丹	永昌	古浪	景泰	平川	靖远	榆中
牦牛	√	√	√	√	√	√	√	√			√
北山羊	√	√		√				√	√	√	√
盘羊	√		√	√		√		√		√	√
岩羊				√		√		√		√	√
马	√	√		√		√		√	√		
犬	√										
狼	√	√	√		√	√		√			
虎（豹）	√		√		√		√				
骆驼	√	√	√		√		√	√		√	
鹿	√	√		√		√		√		√	
蛇	√		√		√						
石鸡				√							
鸟	√			√				√			

的特点。

　　三是出现较多的几种动物为鹿、北山羊、盘羊、马、牦牛、狼，绝大多数县市的岩画中都有这几种动物形象。这也显示出省内岩画题材内容的趋同特点。这一点在很大程度上也符合周边省区岩画的特点。比如新疆、内蒙古岩画中鹿、羊也是出现频率最高的动物形象。

　　四是虎（豹）等现在看来很难想象能在甘肃境内会出现的动物，竟然在多地的岩画中出现。虎（豹）在多处出现的原因比较复杂，需要细致考察。

　　总体来看，甘肃省岩画动物形象主要分布于河西走廊一带。这一带的岩画正好与邻省区的岩画带相接。比如景泰与宁夏接壤，景泰岩画可以与宁夏贺兰山岩画联系起来考察。张掖境内的山丹、肃南岩画可以看作是内蒙古阴山岩画的延伸。嘉峪关、玉门、肃北岩画又向西北接上了新疆岩画。河西走廊中部又西接青海，与青海岩画相联系。另外，黄河上游的玛曲县、合作市岩画，本来应该属于藏族区域，与青海接壤，可与青海岩画联系起来考察研究。

第四章
甘肃岩画图像研究

三、动物分布格局的意义

岩画常常被人为是刻在岩壁上的艺术。这么说也没错，但是会把岩画的意义狭隘化。实际上，岩画是早期人类生活的记录，它蕴含的内容十分丰富，美术一个门类是远远不能穷尽岩画的意义的。从岩画的线条、图像、造型等方面，现代的艺术家的确可以从中吸取营养。实际上，它在艺术上的意义更多的是在美术史方面，而不是现实启发上。对于考察古代人类的经济、文化、生活以及环境等内容，岩画的确有其独特的意义。甘肃岩画中对动物分布的考察与研究就有此意义与价值。

前任国际岩画委员会主席阿纳蒂给陈兆复《中国岩画发现史》一书写的序言中说，"根据世界上流行的看法，岩画集中分布在今天的沙漠和半沙漠，这里被视为人类生存资源贫乏的地区，人口也低于平均的密度。在这个意义上，中国岩画分布的特点也反映了这一个普遍的规律①。"这一论断正好基本符合甘肃省岩画的分布特点。甘肃省岩画主要分布于河西走廊一带，西北一直到东北，与新疆、内蒙古和蒙古国相接，东南一直到隶属于兰州的榆中。这一带在历史上常常是游牧民族与中原民族的杂居处，或者游牧民族与中原民族居住的边际地带。这些岩画主要是游牧民族当时生活的记录和写照。那么，对于甘肃省岩画中动物分布的考察与研究有何具体的意义和价值呢？

首先，甘肃岩画中对动物形象分布的考察与研究，正好成为新疆岩画和内蒙古岩画以至于青海西藏岩画研究的连接区域，填补了这几个区域岩画研究的空间过渡交接地带的空白。比如，前面所总结概括的，甘肃境内主要是河西走廊的岩画中动物形象出现最多的有北山羊和鹿，据陈兆复的考察研究，"在内蒙古和新疆的岩刻中，许多鹿和山羊都描写得很真实"。"除了岩羊，就数鹿的图形最多②。"这正好说明从新疆，经甘肃的河西走廊，再到内蒙古的岩画中，岩羊、北山羊、鹿等形象是最为普遍的动物形象。

---

①② 陈兆复. 中国岩画发现史 [M]. 上海：上海人民出版社，2009.

其次，甘肃岩画动物形象分布的考察与研究可以进一步探究琢刻者的生活习惯、经济文化形态等历史内容。如陈兆复在谈到阴山和贺兰山岩画的大型动物图像时猜测，"岩画中的大型动物图像是与动物崇拜有关①"。盖山林联系青铜器上的动物形象，联系岩画产生的时代，认为这些动物形象的出现与当时的社会经济生活联系密切，"不论是动物岩画还是鄂尔多斯青铜器动物形，以草食动物的鹿、肉食动物的虎、凌空飞翔的鸟为最常见。这大概由于这些动物与人生关系最密切有关。飞鸟羽毛的美丽，鹿性的温良，虎性的勇猛，都给人以强烈的感觉，其内积淀着审美的意味，又寓有象征的意义，暗示着匈奴人有雄鹰掠空的本领，鹿那样的敏捷灵巧，虎似的勇敢有力。在当时人看来，谁战胜了灵巧的东西，谁就是灵巧的人，谁战胜了力大的东西，谁就是有力的人。这些刻于山岩，铸于铜牌上的动物形，是作为勇敢有力、灵巧美观的标记而存在的。只是到了匈奴的后期（战国晚期到两汉），畜牧业进入鼎盛时代，动物纹的题材中，马、牛、羊、驼、驴、犬等家畜以及人物形象才显著增多，尤其是用于骑乘的马和赖以生存的羊的形象，才显著增多，在鄂尔多斯动物纹中，这一点是很明显的。可见，阴山动物岩画与鄂尔多斯动物纹，以哪种动物作题材，是与社会的经济生活紧密相关的②"。他讲的主要是内蒙古岩画中的动物形象，但具有普遍意义。

最后，对岩画中出现动物分布的考察与研究，对于确定岩画的时代具有重要意义。目前对岩画的年代确认尚无十分有效的方法。在这种情况下，岩画中出现的动物形象对于确定岩画所处的年代有一定的参考价值。甘肃岩画中的动物形象分布具有一些特点。这与甘肃岩画所处的特殊位置关系密切。对甘肃岩画中动物形象分布的深入研究具有重要的历史文化价值和意义。

纵观甘肃岩画的遗存环境、作画技术、图像风格、画面结构、图像及其组合等多方面的特点，岩画在整个河西走廊的分布范围内传递了甘肃早期历史的许多珍贵信息，它们中有中亚草原的动物风格的鹿和早期丝绸之路的骆驼，更有高原之舟的牦牛，还有反映早期神灵信仰和本土宗教的巫师、人

---

① 陈兆复．中国岩画发现史［M］．上海：上海人民出版社，2009．
② 盖山林．阴山匈奴岩画动物纹与鄂尔多斯青铜器动物纹的比较［J］．内蒙古社会科学，1982，（12）．

面……并由此形成了河西走廊地区独有的"岩石艺术"。这些"岩石艺术"基本贯穿了整个河西走廊。从地理位置上看,甘肃岩画起到连接新疆岩画、宁夏岩画和内蒙古岩画的重要作用。这些数量庞大、图像清晰、保存完好、内容丰富的岩画透露出了甘肃的多重历史文化信息。这不仅是甘肃重要的文化财富,也是上古时期漫长历史长河中不多的原始艺术遗存,可谓河西走廊的远古艺术长廊。

附录

甘肃岩画遗存点统计表

序号	行政区属	岩画地点名	三维地理坐标	位置	制作方法	画面及图像简况	参考资料
1	阿克塞哈萨克族自治县	青崖子	东经93°59′18.1″，北纬39°21′23.9″，海拔3165米	红柳湾镇大坝图村青崖子山沟西岸山坡上	敲琢法	3个画面，图像为动物、人物	笔者与阿克塞哈萨克族自治县文化馆于2021年6月调查
2	肃北蒙古族自治县	大黑沟	东经94°46′43.7″，北纬39°39′16.0″，海拔1899米	党城湾镇浩布勒格村，距肃北县城东约40千米大黑沟沟内	敲琢法、磨刻法	55个画面，合计有340多个单体图像，图像为动物、人物	肃北县文化馆于2008年3月第三次全国文物普查及笔者2016年8月调查
3	肃北蒙古族自治县	红柳峡北山	东经95°26′31.07″，北纬39°44′34.31″，海拔3109米	党城湾镇向东约84千米红柳峡北山山沟内	敲琢法、磨刻法	6个画面，合计有60个单体图像，图像为动物、人物	肃北县文化馆于2008年3月第三次全国文物普查及以后多次文物巡查资料
4	肃北蒙古族自治县	月牙湖	东经95°23′27.5″，北纬39°18′52.9″，海拔3102米	党城湾镇马场村村委会南58千米处的党河对岸山脚下	敲琢法、磨刻法	7个画面，合计有38个单体图像，图像为动物、人物	肃北县文化馆于2008年3月第三次全国文物普查及以后多次文物巡查资料
5	肃北蒙古族自治县	扎子沟	东经95°24′26.65″，北纬39°13′54.66″，海拔3440米	党城湾镇南约60千米处的扎子沟沟内	敲琢法	3个画面，合计有18个单体图像，图像为动物、人物	肃北县文化馆于2008年3月第三次全国文物普查及笔者2016年8月调查
6	肃北蒙古族自治县	阿尔格力台	东经96°25′32.20″，北纬38°54′0.20″，海拔3508米	盐池湾乡东北约14千米阿尔格力台	敲琢法、磨刻法	9个画面，合计有68个单体图像，图像为动物、人物等	肃北县文化馆于2008年3月第三次全国文物普查及笔者2016年9月调查

甘肃岩画遗存点统计表

续表

序号	行政区属	岩画地点名	地理坐标	位置	制作方法	画面及图像所况	资料来源
7	肃北蒙古族自治县	大井泉	东经96°48′38.97″，北纬39°38′24.11″，海拔3290米	石包城乡东南约120千米处	敲凿法、磨刻法	3个画面，合计有27个单体图像，图像有动物、人物	肃北县文化馆于2008年3月第三次全国文物普查及以后多次文物巡查资料
8	肃北蒙古族自治县	旱峡	东经97°08′39.0″，北纬39°46′28.0″，海拔3408米	石包城乡鱼儿红村西北18千米处的旱峡峡口处山顶上	敲凿法	2个画面，共5个单体图像，图像有动物、人物	肃北县文化馆于2008年3月第三次全国文物普查笔者2016年9月调查
9	肃北蒙古族自治县	七个驴	东经96°12′4.5″，北纬39°52′14″，海拔2878米	石包城乡东北约21千米处	敲凿法	6个画面，共35个单体图像，图像有动物、人物	肃北县文化馆于2008年3月第三次全国文物普查笔者2017年5月调查
10	肃北蒙古族自治县	灰湾子	东经96°10′26.8″，北纬39°49′24.0″，海拔2158米	石包城乡鹰咀山村村委会东北30千米处灰湾子峡谷之中	磨刻法	3个画面，共62个单体图像，图像有动物、人物	肃北县文化馆于2008年3月第三次全国文物普查笔者2017年5月调查
11	肃北蒙古族自治县	后灰湾子	东经96°13′18.2″，北纬39°53′04.4″，海拔2727米	石包城东北方向40千米	敲凿法	3个画面，共16个单体图像，图像有动物、人物	肃北县文化馆于2008年3月第三次全国文物普查笔者2017年5月调查
12	肃北蒙古族自治县	仓库沟口	东经97°02′43.7″，北纬41°33′43.7″，海拔2103米	马鬃山镇马鬃山村村委会南25.9千米处大马鬃山山脉仓库沟北口	敲凿法	2个画面，共23个单体图像，图像有动物、人物	肃北县文化馆于2008年3月第三次全国文物普查笔者2015年8月调查
13	肃北蒙古族自治县	深沟	东经97°02′09.9″，北纬41°33′07.9″，海拔2102米	马鬃山镇马鬃山村村委会大马鬃山山脉北古恩乎都格南1.6千米处	敲凿法	2个画面，共16个单体图像，图像有动物、人物、符号	肃北县文化馆于2008年3月第三次全国文物普查及以后多次文物巡查资料

续表

序号	行政区属	岩画地点名	三维地理坐标	位置	制作方法	画面及图像简况	参考资料
14	肃北蒙古族自治县	老道平都格井	东经 97°06′31.4″，北纬 41°34′05.5″，海拔 2022 米	马鬃山镇滚坡泉村村委会东南 26.62 千米处	敲琢法	4 个画面，共 33 个单体图像，图像有动物、人物、符号	肃北县文化馆于 2008 年 3 月第三次全国文物普查及笔者 2016 年 9 月调查
15	肃北蒙古族自治县	同古图	东经 97°08′03.1″，北纬 41°33′03.6″，海拔 2082 米	马鬃山镇东南 30 千米马鬃山村	敲琢法	3 个画面，共 29 个单体图像，图像有动物	肃北县文化馆于 2008 年 3 月第三次全国文物普查及以后多次文物巡查资料
16	肃北蒙古族自治县	柳沟	东经 97°14′16.4″，北纬 41°31′19.8″，海拔 2164 米	马鬃山镇滚坡泉村村委会东南 35 千米处	敲琢法	13 个画面，共 52 个单体图像，图像有动物、人物	肃北县文化馆于 2008 年 3 月第三次全国文物普查及以后多次文物巡查资料
17	肃北蒙古族自治县	格格乌苏	东经 97°25′58.2″，北纬 41°36′31.2″，海拔 1788 米	马鬃山镇马鬃村约 60 千米处的马鬃山山脉腹地的山谷中	敲琢法	20 个画面，共 120 个图像，包括动物、人物等	肃北县文化馆于 2008 年 3 月第三次全国文物普查及笔者 2016 年 9 月调查
18	肃北蒙古族自治县	布都呼鲁斯特	东经 97°30′21.1″，北纬 41°35′01.9″，海拔 1724 米	马鬃山镇马鬃村东端 80 千米处大马鬃山东端山口内	敲琢法	18 个画面，共 98 个图像，为动物、人物等	肃北县文化馆于 2008 年 3 月第三次全国文物普查及以后多次文物巡查资料
19	肃北蒙古族自治县	霍勒扎德盖	东经 96°09′47.6″，北纬 42°13′17.1″，海拔 1765 米	马鬃山镇明水村村委北约 30 千米	敲琢法、磨刻法	9 个画面，共 104 个图像，包括动物、人物等	肃北县文化馆于 2008 年 3 月第三次全国文物普查及笔者 2016 年 9 月调查
20	肃北蒙古族自治县	山德尔	东经 96°24′15.5″，北纬 42°09′36.4″，海拔 1927 米	马鬃山镇明水村委会东北 23 千米处的小山丘顶部出露地表黑色犟长岩石上	敲琢法	31 个画面，共 209 个图像，包括动物、人物等	肃北县文化馆于 2008 年 3 月第三次全国文物普查及笔者 2016 年 9 月调查

附 录
甘肃岩画遗存点统计表

续表

序号	行政区域	岩画地点名	地理坐标	位置	制作方法	画面数量及内容	资料来源
21	瓜州县	筹子沟	东经 96°24′31.8″，北纬 39°55′49.0″，海拔 2533 米	锁阳城镇农丰村东南 50 千米处的寒山等子沟之中	敲凿法、磨刻法	1 个画面，共 27 个图像，均为动物	甘肃省文物考古所人员与笔者于 2017 年 3 月调查
22	玉门市	昌马	东经 96°36′29.6″，北纬 39°54′50.0″，海拔 2850 米	玉门市昌马乡水峡村三家台鹿子沟东边的河床中	敲凿法	1 个画面，共 24 个图像，为人物、动物	笔者于 2017 年 6 月调查
23	嘉峪关市	四道股形沟	东经 98°06′46.7″，北纬 39°51′40.5″，海拔 1907 米	嘉峪关市市辖区峪泉镇黄草营村西北面的黑山北麓四道股形沟内	敲凿法、磨刻法	87 个画面，有人物、动物、车辆等	嘉峪关市长城博物馆与峪泉悬壁长城文管所以及笔者于 2015 年 10 月调查
24	嘉峪关市	交河沟	东经 98°08′43.4″，北纬 39°50′27.5″，海拔 1723 米	嘉峪关市峪泉镇西北的黑山南麓交河沟内	敲凿法	2 个画面，共 4 个图像，有人物、动物、符号	嘉峪关市长城博物馆与峪泉悬壁长城文管所及笔者于 2015 年 10 月调查
25	嘉峪关市	红柳沟	东经 98°48′53.4″，北纬 39°60′27.5″，海拔 1689 米	嘉峪关市峪泉镇西北的黑山南麓红柳沟内	敲凿法	1 个画面，共 2 个图像皆为动物	嘉峪关市长城博物馆与峪泉悬壁长城文管所及笔者于 2015 年 10 月调查
26	嘉峪关市	石关峡口	东经 98°10′19.2″，北纬 39°50′55.6″，海拔 1695 米	嘉峪关市峪泉镇黄草营村西面的黑山南麓石关峡东口内	敲凿法	16 个画面，共 42 个动物、植物图像	嘉峪关市长城博物馆与峪泉悬壁长城文管所及笔者于 2015 年 10 月调查
27	嘉峪关市	蕉蒿沟	东经 98°09′58.4″，北纬 39°51′28.9″，海拔 1715 米	嘉峪关市峪泉镇黄草营村西面的黑山东麓蕉蒿沟内	敲凿法	11 个画面，图像为动物	嘉峪关市长城博物馆与峪泉悬壁长城文管所及笔者于 2015 年 10 月调查

续表

序号	行政区属	岩画地点名	三维地理坐标	位置	制作方法	画面及图像简况	参考资料
28	嘉峪关市	磨子沟	东经 98°08′48.4″ 北纬 39°52′38.4″ 海拔 1768 米	嘉峪关市峪泉镇西北的黑山东麓磨子沟内	敲琢法	1 个画面，共 40 个图像，图像为动物、人物	嘉峪关市长城博物馆与嘉峪关市悬壁长城文管所以及笔者于 2015 年 10 月调查
29	肃南裕固族自治县	镉山	东经 99°54′00.1″ 北纬 38°89′31.4″ 海拔 2882 米	肃南县大河乡营盘村境内，距肃南县城 15 千米	敲琢法	8 个画面，共 145 个图像，包括动物、人物、符号等	笔者于 2016 年 7 月与 2019 年 4 月两次调查
30	山丹县	羊鹿沟	东经 101°41′09.0″ 北纬 38°49′61.7″ 海拔 2322 米	老军乡峡口村西部的羊鹿沟沟内，距山丹县城 45 千米	敲琢法	11 个画面，共 89 个图像，包括动物、人物	笔者于 2019 年 4 月调查
31	山丹县	卧牛沟	东经 101°46′42.2″ 北纬 38°52′58.3″ 海拔 2199 米	老军乡峡口村东部的卧牛沟沟内，距山丹县城 45 千米	敲琢法	4 个画面，共 18 个图像，包括人物、动物	笔者于 2019 年 4 月调查
32	永昌县	牛娃山	东经 101°41′07.7″ 北纬 38°12′12.2″ 海拔 2536 米	新城子镇马营湾居民区南侧牛娃山山脊之上	敲琢法、磨刻法	29 个画面，共 108 个图像，包括动物、人物	甘肃省文物考古所人员与笔者于 2016 年 11 月调查
33	永昌县	大泉	东经 101°34′01.3″ 北纬 38°16′26.5″ 海拔 1996 米	金昌市永昌县红山窑乡毛卜拉村大泉水库旁的小山丘上	敲琢法	6 个画面，共 36 个图像，包括动物、人物、符号等	甘肃省文物考古所人员与笔者于 2016 年 11 月调查
34	永昌县	北山	东经 101°90′0.3″ 北纬 38°27′41.3″ 海拔 2110 米	焦家庄乡陈家寨村北面北山八郎沟沟口的崖壁上	敲琢法、磨刻法	8 个画面，共 35 个图像，包括动物、人物	甘肃省文物考古所人员与笔者于 2016 年 11 月和 2019 年 6 月两次调查

甘肃岩画遗存点统计表

续表

序号	行政区划	岩画地点名	地理坐标	位置	制作方法	图像及其他内容	参考文献
35	永昌县	杨家大山	东经101°88′11″，北纬38°28′38″，海拔2241米	焦家庄乡陈家寨村北面北山人郎沟西侧杨家大山内	敲凿法、磨刻法	37个画面，共121个图像，包括有动物、人物、符号等	笔者于2019年6月调查
36	永昌县	青石头	东经101°88′83″，北纬38°27′91.3″，海拔2139米	焦家庄乡陈家寨村二社北侧青石头沟内	敲凿法	10余个画面（三普资料记载）	甘肃省文物考古所人员与笔者于2016年11月和2019年6月两次调查
37	武威市	莲花山	东经102°48′76.6″，北纬37°89′69.6″，海拔约1887米	武威市东南部的凉州区松树乡莲花山山沟内	敲凿法	2个画面，图像已经无法辨识	笔者于2019年6月调查
38	古浪县	大靖花庄	东经103°28′20″，北纬37°24′40″，海拔2034米	大靖镇东南部的花庄村照子山大沟沟内	敲凿法	10个画面，共56个图像，包括动物、人面等	古浪县文广局与笔者于2018年4月调查
39	古浪县	郎家沟	东经103°54′79″，北纬37°42′53″，海拔1921米	裴家营镇塘坊村以南的郎家沟，距塘坊村直线距离3千米	敲凿法、磨刻法	25个画面，共105个图像，包括动物、人物	古浪县文广局与笔者于2019年4月调查
40	古浪县	大沟	东经103°54′04″，北纬37°43′63″，海拔1876米	裴家营镇塘坊村以南的大沟内，距塘坊村直线距离2千米	敲凿法	23个画面，共67个图像，包括动物、人物	古浪县文广局与笔者于2019年4月调查
41	古浪县	臭牛沟	东经103°74′32″，北纬37°32′70″，海拔2159米	新堡子乡臭牛沟内，距新堡子乡直线距离3千米	敲凿法	54个画面，共152个图像，包括动物、人物	笔者于2019年6月调查

续表

序号	行政区属	岩画地点名	三维地理坐标	位置	制作方法	画面及图像简况	参考资料
42	古浪县	楼梯子沟	东经103°31′74′33″，北纬37°31′25″，海拔2070米	新堡子乡楼梯子沟内，距新堡子乡直线距离3千米	敲凿法	28个画面，共155个图像，包括动物、人物、植物、文字	笔者于2019年6月调查
43	景泰县	陈家坝沟	东经104°21′55.35″，北纬36°46′21.50″，海拔1679米	中泉乡三合村以南的陈家坝沟，距三合村直线距离5千米	敲凿法	3个画面，共35个图像，包括动物、人物	景泰县博物馆与笔者从2017年到2018年多次调查
44	景泰县	尾泉沟	东经104°23′03″，北纬36°52′14″，海拔1361米	中泉乡尾泉村尾泉沟口的石崖上，距尾泉村直线距离5千米处	敲凿法、磨刻法	2个画面，共57个图像，包括有人面、动物	景泰县博物馆与笔者从2017年到2018年多次调查
45	景泰县	板荞沟	东经104°03′06.3″，北纬36°53′51.2″，海拔1967米	中泉乡野狐水村以南约5千米的板荞沟内	敲凿法、磨刻法	1个画面，共36个图像，包括有动物、符号、人面、文字等	景泰县博物馆与笔者从2017年到2018年多次调查
46	景泰县	彭家峡	东经103°48′09.9″，北纬36°56′20.6″，海拔2236米	正路乡拉牌村彭家峡北侧（白茨圈湾的下拐子）	敲凿法	4个画面，共13个图像，包括符号、动物、人物	景泰县博物馆与笔者2018年进行两次调查
47	景泰县	黄崖沟	东经104°15′10.78″，北纬37°6′30.36″，海拔1430米	芦阳镇素桥村黄崖沟段崖湾南面的石崖上，在芦阳镇东10千米处	敲凿法	1个画面，共121个图像，包括动物、人物、符号	笔者于2018年4月调查
48	景泰县	老鸹崖	东经103°50′13.6″，北纬37°20′37.0″，海拔2102米	上沙窝镇三眼井村泉子沟老鸹崖崖壁之上	敲凿法	8个画面，共82个图像，包括动物、人物、符号、文字	笔者于2018年6月调查

附 录

甘肃岩画遗存点统计表

续表

序号	行政归属	岩画点名	坐标和海拔	小地	制作方法	画面和图像数	资料来源
49	景泰县	石鹿沟	东经103°46′20.6″,北纬37°21′09.2″,海拔2400米	寺滩乡三道埫村白茨水石鹿沟	敲琢法	7个画面,共44个图像,皆为动物	笔者于2015年7月和2018年4月调查
50	景泰县	梁家湾	东经103°43′56.3″,北纬37°23′28.4″,海拔2529米	红水镇原松林村南梁家湾崖壁之上	敲琢法	5个画面,共6个图像,皆为动物	笔者于2018年6月调查
51	景泰县	姜窝子沟	东经103°47′07.5″,北纬37°30′38.7″,海拔2070米	红水镇红岘子村的红岘沙河沟脑姜窝子沟	敲琢法	26个画面,共71个图像,包括动物、人物	笔者于2015年7月和2019年6月调查
52	靖远县	吴家川	东经104°33′01.2″,北纬36°41′46.2″,海拔1528米	三滩乡中二村西陈家沟、刘川乡吴家川村北	敲琢法、磨刻法	2个画面,共25个图像,包括动物、人物	靖远县博物馆与笔者从2015年到2018年多次调查
53	靖远县	信猴沟	东经104°36′13″,北纬36°38′9″,海拔1510米	糜滩乡碾湾村信猴沟沟内	敲琢法、磨刻法、线刻法	5个画面,共75个图像,包括动物	靖远县博物馆与笔者于2018年12月调查
54	靖远县	水沟道经湾	东经104°38′13.2″,北纬36°40′14.2″,海拔1967米	三滩乡朝阳村樊家大山西北水东南道经湾,北距朝阳村委会约7千米	线刻法	1个画面,共3个图像,包括有动物、文字等	靖远县博物馆与笔者于2017年6月调查
55	靖远县	大兵道	东经104°38′00.0″,北纬36°44′01.1″,海拔1384米	三滩镇新田村北1.5千米,北距靖远县城30多千米	敲琢法、磨刻法	3个画面,共32个图像,包括动物、人物	靖远县博物馆与笔者于2019年3月调查

续表

序号	行政区属	岩画地点名	三维地理坐标	位置	制作方法	画面及图像简况	参考资料
56	靖远县	小沙沟	东经 104°58′26″，北纬 36°60′64″，海拔 1455 米	糜滩乡碾湾村小沙沟脑	敲凿法、磨刻法	8 个画面，共 105 个图像，包括动物、人物	靖远县博物馆与笔者于 2018 年 6 月调查
57	靖远县	石羊滩	东经 104°18′56.8″，北纬 37°00′56.3″，海拔 1334 米	靖远县城西北方向 89 千米处，石门乡小口村黄河东岸石羊滩	敲凿法	29 个画面，共 89 个图像，包括动物、人物	靖远县博物馆与笔者于 2017 年 4 月调查
58	平川区	棉纱湾	东经 104°67′89.8″，北纬 36°90′35.1″，海拔 1456 米	平川区水泉镇下村，地处黄河红山峡谷黄河东岸边山崖上	敲凿法、磨刻法	1 个画面，共 23 个图像，包括动物、人物	笔者于 2016 年 4 月调查
59	平川区	野麻滩	东经 104°18′56.8″，北纬 37°00′56.0″，海拔 1437 米	水泉镇野麻村境内	敲凿法	1 个画面，共 24 个图像，包括动物、人物	笔者于 2016 年 4 月调查
60	榆中县	青城麋鹿沟	东经 104°17′90″，北纬 36°29′56″，海拔 1470 米	青城镇苇茨湾村麋鹿沟石崖上，在苇茨湾村东 15 千米处	敲凿法	9 个画面，共 147 个图像，包括动物、人物、文字	笔者于 2019 年 6 月调查
61	天水市	后川	东经 106°05′82″，北纬 34°40′07″，海拔 1378 米	麦积镇朱家后川村天水地质博物馆以东 290 米处的公路旁	线刻法	1 个画面，以线条为主	笔者于 2019 年 6 月调查
62	成县	大庙大崖洞	东经 105°42′52.6″，北纬 33°01′29.5″，海拔 1344 米	成县黄渚镇太山行政村大庙村大崖洞洞口	线刻法	1 个画面，共 9 个图像，以人物、线条、文字为主	笔者于 2017 年 6 月调查

参考文献

1. 陈兆复：《古代岩画》[M]，文物出版社，2002年2月版。
2. 陈兆复：《中国岩画发现史》[M]，上海人民出版社，1991年9月版。
3. 陈兆复：《外国岩画发现史》[M]，上海人民出版社，1993年版。
4. 陈兆复主编：《中国少数民族美术史》[M]，中央民族大学出版社，2001年2月版。
5. 盖山林：《中国岩画学》[M]，书目文献出版社，1995年5月版。
6. 盖山林：《阴山岩画》[M]，文物出版社，1986年12月版。
7. 张晓凌：《中国原始艺术精神》[M]，重庆出版社，2006年9月版。
8. 邓福星：《艺术前的艺术》[M]，山东文艺出版社，1986年。
9. 朱伯雄主编：《世界美术史》第1卷[M]，山东美术出版社，1987年。
10. 朱狄：《原始文化研究》[M]，生活·读书·新知三联书店，1988年。
11. 朱狄：《艺术的起源》[M]，中国青年出版社，1999年。
12. 赵国华：《生殖崇拜文化论》[M]，中国社会科学出版社，1990年。
13. 李克坚：《岩画——永远的魂灵》[M]，河南教育出版社，1991年。
14. 宋耀良：《中国史前神格人面岩画》[M]，三联出版社，1992年。
15. 刘锡诚：《中国原始艺术》[M]，上海文艺出版社，1998年。

16. 宁克平：《中国岩画艺术图式》［M］，湖南美术出版社，1990 年。

17. 苏北海：《新疆岩画》［M］，新疆美术摄影出版社，1994 年。

18. 班澜、冯军胜：《阴山岩画文化艺术论》［M］，远方出版社，2000 年。

19. 汤惠生、张文华：《青海岩画——史前艺术中二元对立思维及其观念的研究》［M］，科学出版社，2001 年。

20. 李永宪：《西藏原始艺术》［M］，四川人民出版社，1998 年。

21. 杨超：《追寻沙漠里的风——巴丹吉林岩画研究》［M］，九州出版社，2010 年。

22. 邓启耀：《云南岩画艺术》［M］，晨光出版社，2004 年。

23. 张亚莎：《西藏的岩画》［M］，青海人民出版社，2006 年。

24. 乔华主编：《宁夏岩画》［M］，宁夏人民出版社，2007 年。

25. 岳邦湖、王元林、张得智、岳晓东：《岩画及墓葬壁画》［M］，敦煌文艺出版社，2004 年。

参考论文：

1. 嘉峪关市文物清理小组：《甘肃地区古代游牧民族的岩画——黑山石刻画像初步调查》［J］，《文物》，1972 年第 12 期。

2. 严文明：《甘青彩陶的源流》［J］，《文物》，1978 年第 10 期。

3. 张宝玺：《甘肃省靖远县吴家川发现岩画》［J］，《文物》，1983 年第 2 期。

4. 初仕宾、韩集寿、李永良：《甘肃嘉峪关黑山岩画》［J］，《考古》，1990 年第 4 期。

5. 李福顺：《中国岩画创作中的审美追求》［J］，《文艺研究》，1991 年第 3 期。

6. 王炳华：《新疆天山生殖崇拜岩画初探》［C］，《2000 宁夏国际岩画研讨会文集》，宁夏人民出版社，2001 年。

7. 岳邦湖：《画绘史诗：河西走廊岩画》［J］，《中国国家地理》，2001 年第 10 期。

8. 刘再聪：《甘肃白银发现古代岩画》[J]，《丝绸之路》，2002 年第 7 期。

9. 岳邦湖、王元林、张得智、岳晓东：《甘肃永昌牛娃山岩画调查与研究》[J]，《考古与文物》，2007 年第 3 期。

10. 杨惠福、许栋：《嘉峪关黑山岩画中的塔形图及其相关问题》[J]，《考古与文物》，2009 年第 4 期。

11. 李彦锋：《岩画图像叙事的'顷间'性》[J]，《民族艺术》，2009 年第 2 期。

12. 岳晓东：《永昌牛娃山岩画》[J]，《陇右文博》，2009 年第 2 期。

13. 班澜：《北方岩画与草原艺术精神》[J]，《内蒙古大学艺术学院学报》，2009 年第 2 期。

14. 刘再明：《白杨林黄河岩画考》[J]，《丝绸之路》，2009 年第 10 期。

15. 杜成峰：《榆木山岩画调查笔记》[J]，《甘肃民族研究》，2011 年第 3 期。

16. 刘劲：《走进吴家川岩画》[J]，《丝绸之路》，2011 年第 15 期。

17. 贺春燕：《浅析榆木山岩画》[J]，《丝绸之路》，2012 年第 6 期。

18. 胡雪：《嘉峪关黑山岩画保护与利用调查》[J]，《丝绸之路》，2012 年第 22 期。

19. 刘再明：《甘肃黄河岩画的发现与研究》[J]，《陇右文博》，2012 年第 1 期。

20. 杜成峰：《肃南裕固族自治县境内岩画的保护与利用》[J]，《河西学院学报》，2012 年第 6 期。

21. 刘再聪：《黄河岩画：来自远古文明的呼唤》[N]，《甘肃日报》，2011 - 12 - 9。